QUINZE + DIX

Jean-Dominique Giuliani

QUINZE + DIX

Le grand élargissement

FONDATION ROBERT SCHUMAN

Albin Michel

22, rue Huyghens, 75014 Paris
www.albin-michel.fr
ISBN 2-226-14189-8

INTRODUCTION

Nous sommes entrés dans le XXIe siècle sous les feux d'artifice et dans la fête.

Pourtant la guerre froide était terminée depuis dix ans et une nouvelle histoire avait commencé le 9 novembre 1989 quand s'ouvrit la Porte de Brandebourg à Berlin et que s'effondrait le Mur. Mais nous avions raison de fêter l'avènement, pour notre continent, d'une ère nouvelle.

Le XXe siècle fut, en effet, l'un des plus épouvantables de l'histoire de l'humanité, à cause de l'Europe ! Deux conflits mondiaux sanguinaires, nés chez nous, ont usé le monde. Deux idéologies totalitaires, le nazisme et le communisme, ont parachevé un tableau, déjà noirci, de la folie humaine.

L'Europe peut se targuer d'avoir élevé en son sein les coupables de plus de 100 millions de morts et de leur avoir permis de jeter sur le genre humain l'ombre criminelle des plus sombres dictatures.

Les braises de ces conflits et de ces doctrines ont longtemps couvé et il fallut attendre 1991 pour que nous en tournions définitivement la page. Nous sommes tellement marqués, deux générations plus tard, que tout ce qui peut ressembler à notre passé récent appelle immédiatement de notre part vigilance et rejet. C'est naturel et légitime ; c'est heureux, mais cela montre combien nous avions dépassé l'inacceptable !

Dans cette tragédie, l'Europe centrale et orientale a payé le prix fort. Ethnies et races exterminées, populations chassées, religions poursuivies, libertés emprisonnées, nous avons développé tout l'arsenal du diable pour accabler le monde, et les pays de l'autre côté du rideau de fer ont dû attendre cinquante ans de plus pour s'en libérer.

C'est en Europe centrale que les plus grandes atteintes à la dignité humaine ont été perpétrées et qu'ont surgi les camps de concentration et la Solution finale ; c'est là que les pires horreurs ont été commises. Les nations violées et bafouées qui les ont subies ont payé plus longtemps que nous les conséquences de la guerre, jusqu'aux Balkans, tout récemment.

Le XXIe siècle est, pour l'Europe, celui de la page qui se tourne.

Il est celui de la paix et de la réunification.

Dès les années 1950, quelques visionnaires idéalistes et courageux, dont bien sûr Robert Schuman[1], ont imaginé de créer des solidarités si fortes entre les Européens qu'il deviendrait pour eux plus coûteux de s'affronter que de s'entendre. Nous avons eu la chance d'être alors du bon côté ! Ceux qui sont restés en deçà ont continué à vivre dans la terreur et la misère.

Une partie de l'Europe, son cœur géographique, s'est trouvée exclue de la première initiative ambitieuse qui se fixait pour objectif une stabilisation pacifique de notre continent.

L'élargissement qui s'annonce, le cinquième de la Communauté, mais le plus important par le nombre d'États concernés, est donc plus une réunification qu'une nouveauté.

C'est un devoir moral que de réintégrer ces pays dans l'ensemble dont ils n'auraient jamais dû être exclus.

C'est aussi le succès du modèle européen tel que nous l'avons construit ; d'ailleurs les Anglo-Saxons le qualifient

---

1. Voir en annexe n° 1 une réflexion de Robert Schuman sur la place des pays de l'Est en Europe, publiée pour la première fois dans le n° 52 de *France-Forum* en novembre 1963.

souvent d'expansion. Comme l'OTAN, l'Union européenne tire les conséquences de la fin de la division du continent européen, elle le réunit, elle s'agrandit.

Qu'est-ce que l'Europe ? Poser la question c'est entrer dans un débat si large qu'il y a peu de chances d'en sortir indemne !

L'Europe, c'est d'abord un espace géographique, un continent de 727 millions d'habitants. Les diverses limites que les géographes lui fixent traditionnellement ne recouvrent pas exactement celles des États et la question des frontières reste l'une des plus controversées.

Mais l'Europe, c'est aussi une histoire et une culture qui appartiennent au monde qu'elles ont contribué à façonner. À ce titre, elle incarne des valeurs qui ont pesé sur l'histoire. On le comprend évidemment en se penchant sur le passé complexe du continent ; on le redécouvre chaque fois qu'il s'agit d'art ou de religion.

En matière artistique, rien n'égale l'apport européen des trois siècles passés. C'est certainement la raison pour laquelle de nombreux artistes ont revendiqué leur appartenance à une Europe qu'ils ont chantée et prédite. Qu'on pense à Victor Hugo, par exemple [1].

Le christianisme, qu'on l'accepte ou non, est l'ossature d'une culture et de valeurs qui ont forgé l'Europe, y compris lorsque celle-ci s'y est opposée pour s'en émanciper.

La liberté, les droits de la personne humaine et donc la démocratie y sont nés. C'est un Français, René Cassin, qu'on a choisi pour travailler à la rédaction de la Déclaration universelle des droits de l'homme. On l'a inscrite dans la Charte des Nations unies et elle est devenue la règle commune. Ces valeurs structurent le monde contemporain et seront déterminantes pour son évolution future.

1. Discours prononcé au IIIe Congrès international de la Paix à Paris en 1849. Voir en annexe n° 2.

L'Europe, c'est aujourd'hui une organisation qui regroupe quinze États qui ont décidé de partager certaines de leurs compétences. Elle s'élargit à l'Est, en intégrant en son sein dix nouveaux membres. D'autres frappent à la porte, la Bulgarie, la Roumanie, la Turquie. D'autres se présenteront bientôt, dans les Balkans ou sur le pourtour de la Méditerranée.

Difficile donc de définir l'Europe selon les schémas traditionnels.

C'est bien pourquoi l'on sent souvent, dans les cercles dirigeants, de profondes hésitations sur le sens de l'Europe, son action et ses contours. Le projet européen ne ressemble à rien qui ait été réalisé autre part, même en d'autres temps.

Il n'est pas théorique, il est concret dans son objectif : maintenir la paix sur un continent qui détient le record des guerres. Il ne rappelle pas les formes anciennes de création étatique, puisque les États qui composent l'Europe préexistaient et existeront encore.

Il n'emprunte pas les chemins traditionnels de la démocratie représentative, qui délègue à une autorité le pouvoir de décision contrôlé par le vote, puisqu'il passe toujours par des négociations et des compromis. Bref, il n'avait aucune chance de réussir, mais l'aspiration des peuples à la paix et à la prospérité était telle qu'il s'est peu à peu imposé.

Certes, nous nous retrouvons désormais dans un ensemble d'accords et d'institutions qui ne donnent jamais totalement satisfaction. On ne parle d'Europe qu'à propos de « ses difficultés, ses tensions, ses crises ». Et pourtant elle fonctionne et elle progresse. Je fais partie de ceux qui souhaiteraient qu'elle progresse plus vite, mais il m'importe, par-dessus tout, qu'elle ne régresse point !

Les années qui s'annoncent constituent, pour la Communauté européenne devenue Union européenne, des années de défis. Saura-t-elle se réformer, saura-t-elle absorber en son sein les nouveaux adhérents qu'elle a décidé d'accueillir ?

Que signifie d'ailleurs ce cinquième élargissement ? Est-il

nécessaire ? Est-il bien conçu ? Va-t-il remettre en cause ce que nous avons déjà ?

Telles sont les questions clés qu'on peut se poser alors que les chefs d'État et de gouvernement des Quinze ont décidé, le 12 décembre 2002 à Copenhague, d'inclure dix nouveaux membres dans l'Union et d'ouvrir la porte à d'autres, notamment la Roumanie et la Bulgarie.

Elles suscitent des craintes, de vraies peurs.

Chez ceux qui sont toujours hostiles à l'Europe et qui sont de plus en plus minoritaires.

Chez ceux qui sont en charge des affaires publiques et qui mesurent les difficultés quotidiennes qui les attendent.

Chez les Européens de cœur et de passion, qui estiment qu'élargie, la construction communautaire n'a plus rien à voir avec le souffle et la grandeur des origines, surtout si elle éprouve des difficultés à se réformer.

Chez tous les citoyens de ce continent qui, une fois de plus, devraient faire prévaloir la raison et la générosité sur les réflexes de frilosité et la peur de la concurrence. Bref, un risque alors que nous nous étions habitués à un confort relatif !

L'élargissement de l'Europe marque donc l'ouverture d'une période de questionnement et d'introspection légitimes.

Il est vrai qu'accueillir plus de 70 millions d'habitants de dix États indépendants dans un ensemble déjà fortement intégré, qui a ses codes et ses règles, sa logique et sa vie politique, n'est pas chose aisée. Surtout qu'en même temps nous avons lancé la réforme des institutions de l'Union et qu'un grand pas nous est, à tous, proposé, par l'adoption d'une Constitution commune.

Qu'est donc cette nouvelle Europe et quels sont ses multiples visages ?

Comment fonctionnent ces procédures compliquées qui ouvrent la porte à de nouveaux partenaires et qui sont-ils réellement ? Fixerons-nous des frontières à cette expansion et lesquelles ?

Telles sont quelques-unes des vraies questions qu'il est normal de se poser.

REMERCIEMENTS

Cet ouvrage est largement le fruit d'un travail d'équipe, réalisé en marge des travaux de la Fondation Robert Schuman, avec Delphine Surrans et Peter Sandor, deux jeunes chercheurs promis à un bel avenir.

Delphine Surrans est diplômée du magistère de relations internationales de l'université Panthéon-Sorbonne et spécialiste des questions européennes.

Peter Sandor, chercheur franco-hongrois, est diplômé de l'École nationale d'administration et spécialiste des politiques européennes.

Je souhaite remercier aussi Pascale Joannin qui dirige la Fondation Robert Schuman de Paris et Jean-Raphaël Giuliani qui poursuit des études de droit à l'université Panthéon-Sorbonne de Paris.

PREMIÈRE PARTIE

PORTRAIT DE L'EUROPE RÉUNIE

I

Les vrais visages de l'Europe à vingt-cinq

L'Union européenne forme un espace économique, social et politique à la nouvelle dimension des relations internationales. Elle en a la taille, elle est un foyer de richesses appuyé sur une économie prospère. Elle constitue l'un des pôles d'attraction des peuples et des capitaux.

La réalité européenne

La démographie de l'Europe est en déclin. Elle n'est pas la seule, puisque c'est un phénomène mondial, dû vraisemblablement à la hausse du niveau de vie et à l'amélioration des soins de santé. Mais sa population vieillit.

L'Union européenne comptait en 2001, avec quinze États membres, **376,8 millions** d'habitants.

Si l'on ajoute les 74,6 millions de personnes qui peuplent les dix pays de l'élargissement, **l'Europe à vingt-cinq, en 2004, ce sera 453 millions d'habitants.**

À comparer avec les 278 millions d'Américains, les 500 millions de ressortissants des pays de l'Asean[1] ou les 244 millions du Mercosur[2], et bien sûr le milliard d'Indiens et le milliard 700 millions de Chinois. L'Union européenne est à la dimension des grands ensembles du monde.

Selon les prévisions de l'ONU[3], l'Union à quinze compte tenu de son faible taux de croissance démographique, ne compterait plus en **2050 que 339,3 millions d'habitants.** L'Europe à vingt-cinq aura perdu, quant à elle, 54 millions d'habitants pour n'en compter plus que **397,3.**

C'est-à-dire que nous allons « perdre », en quarante-sept ans, 72 % de la population nouvelle que nous allons accueil-

---

1. Asean : Association of South-East Asian Nations. Organisation de libre-échange d'Asie du Sud-Est (10 pays).

2. Mercosur : Mercado Común del Sur. Union douanière de 6 pays d'Amérique latine (Argentine, Bolivie, Brésil, Chili, Paraguay, Uruguay).

3. FNUAP : Fonds des Nations unies pour la population.

lir en 2004. Le déclin démographique européen est une réalité poignante lorsqu'on aligne les chiffres et les prévisions. Il est un vrai problème pour l'Europe, car il est souvent facteur d'affaiblissement.

Toutes les grandes nations européennes membres de l'Union sont concernées, à l'exception, très relative, de l'Irlande, de la France, des Pays-Bas et de la Grande-Bretagne qui gardent un taux d'accroissement de la population positif, mais si faible !

La surprise vient des pays de l'élargissement qui, à l'exception peu significative de Chypre, de Malte et de la Slovaquie, connaissent des taux de croissance démographique négatifs. Il en va de même pour la Bulgarie et la Roumanie qui comptent 8,1 et 22,4 millions d'habitants.

L'élargissement ne constitue pas, pour l'Union européenne, le coup de fouet démographique que l'on pouvait attendre. Au contraire, les nouveaux membres amplifient la tendance à la diminution de la population européenne.

On peut expliquer cette situation par les difficiles années que viennent de passer les nouveaux adhérents, avec son cortège de privations, de réformes brutales ; mais le mouvement était largement engagé avant la chute du Mur de Berlin. Sous la dictature, on n'est pas enclin à avoir des enfants, dans les difficultés non plus !

Les nouveaux membres vont-ils se ressaisir ?

Il est à craindre qu'avec la hausse du niveau de vie qu'autorisent leurs taux de croissance et leur adhésion, ces pays, en l'absence de véritables politiques natalistes, ne parviennent pas à inverser la tendance. D'ailleurs, apparemment, ce n'est pas une priorité. L'urgent est de développer une économie très en retard sur les pays de l'Ouest européen. Après, on verra !

Le tableau démographique de l'Europe est donc sombre. Aucun élément ne permet d'affirmer qu'il en sera autrement à terme visible.

Si l'on ajoute les cinq pays des Balkans (Albanie, Serbie-

Monténégro, Macédoine, Bosnie et Croatie) qui ont frappé et frapperont très certainement à notre porte dans les années à venir, l'Europe s'enrichit de 24 millions d'habitants. Mais ces pays connaissent aussi un fort déclin de leur population et perdraient 2 millions d'habitants d'ici 2050. On le voit, le phénomène est général.

L'Europe à **trente-trois, c'est-à-dire aujourd'hui 573,7 millions** d'habitants, ne comptera plus en 2050 que **541,2 millions** d'habitants.

L'Europe, en l'absence d'une politique nataliste volontaire ou d'une autre politique d'immigration, se dépeuple, perd ses forces, ses bras et ses cerveaux. Le mouvement est d'ailleurs continental : e**n 2050, les 727 millions d'habitants de l'Europe géographique ne seront plus que 600.** Si les élargissements de l'Union, prévus et à prévoir, permettent une augmentation de la population, le renouvellement des générations n'est pas assuré et la population européenne diminue.

Bien pire, son âge moyen augmente.

L'Europe vieillit

Selon l'ONU, l'âge moyen (médian) de la population de l'Union est aujourd'hui **de 38,1 ans**. Il sera en **2025 de 45,8 ans** et en **2050 de 48,5.**

À titre comparatif, l'âge moyen des Américains est aujourd'hui de 35,5 ans et n'augmentera que d'un seul point en 2050 !

À vingt-cinq, ces chiffres rajeunissent à peine dans le court terme et s'aggravent même à long terme **(36,5 aujourd'hui ; 44,5 en 2025 ; 49,1 en 2050).**

À trente-trois, ils s'établissent à 33,4 ; 41,8 et 46,1. À comparer avec la moyenne mondiale (26,5 ; 32 ; 36,2).

Si la population mondiale vieillit vite, la population européenne vieillit très vite. Les nouveaux adhérents nous ressemblent vraiment. Ils sont européens, franchement européens, jusqu'à nous imiter dans le vieillissement.

On s'aperçoit alors que les conséquences de ces statistiques sur les politiques européennes sont communes à tous les États. Qu'on pense au douloureux problème des retraites.

Au début du mois de juin 2003, le commissaire européen Michel Barnier avait eu la bonne idée de réunir à Paris quelques personnalités européennes de premier plan. Quelle ne fut pas la surprise des auditeurs d'entendre le Premier ministre hongrois égrener les mesures qui avaient marqué sa récente réforme du régime des retraites dans son pays. Ce socialiste déclaré venait expliquer à Jean-Pierre Raffarin, qui résistait au conservatisme des syndicats français, au milieu des grèves à répétition et des défilés incessants, le chemin à suivre. Celui-ci n'était d'ailleurs pas éloigné de ceux choisis par tous les pays d'Europe : allongement de la durée du travail et de cotisation, nécessaire développement de l'épargne individuelle, etc.

Il décerna un vibrant compliment au Premier ministre français.

S'il est apparemment plus facile de réformer dans les pays plus neufs, il y est tout aussi difficile de faire face au vieillissement de la population. On se réjouit chaque jour des progrès de la médecine et de l'allongement de la vie. Force est de constater qu'ils posent des problèmes économiques délicats.

D'autres, comme les États-Unis, les ont résolus par l'immigration. Nous-mêmes, en Europe, sommes soumis à de fortes pressions migratoires et nous avons beaucoup de mal à les contenir.

Voilà une question importante pour l'avenir de l'Europe.

Il est à craindre que, parmi les sujets qu'elle aura à aborder, celui de la démographie soit tout à fait urgent. Celui de l'immigration aussi. Ce seront les premières épreuves des États de l'Union, une fois régis par la nouvelle Constitution.

Immigration ?

Certains ont évoqué les transferts de population entre les pays d'Europe qui pourraient résulter de l'élargissement.

Les chiffres ne correspondent pas à cette inquiétude, surtout pour la France. La vague de transferts de population, que nous avons connue dans les années soixante-dix et quatre-vingt, est derrière nous. La stabilisation des Balkans y est pour beaucoup. La stratégie choisie pour l'adhésion, et qui consiste à venir en aide aux pays d'Europe provisoirement en difficulté, porte ses fruits. La croissance a redémarré partout en Europe centrale. Elle est bien supérieure à la nôtre, même si le chemin à parcourir est encore long. Les nationaux de ces pays ont de nouveau l'espoir de pouvoir participer au développement de leur pays plutôt que d'accroître le nombre des chômeurs des pays actuellement membres de l'Union.

En 1998, l'immigration chez les Quinze en provenance des dix nouveaux pays a atteint 850 000 personnes, soit 0,2 % de la population totale de l'UE-Quinze, dont moins de la moitié d'actifs. Ce chiffre n'excéderait pas 0,8 % de la population d'origine des pays d'Europe centrale et orientale.

Dans les quinze ans à venir, les sorties migratoires des dix pays de l'Est ne devraient pas dépasser 2,5 % de leur population d'origine, et ce taux décroît rapidement pour atteindre, selon les projections, 2 400 personnes en 2030 [1].

On constate en effet que, depuis le début de la transition

1. Cf. tableau page suivante et « Les tendances des migrations internationales », Rapport OCDE, 2003.

Projections des flux migratoires
en provenance des 10 pays d'Europe centrale et orientale

Pays	1998* en unités	1998* en %	2002	2010	2020	2030
Allemagne	554 869	65	218 430	95 560	27 510	1 539
Autriche	103 000	12,1	40 547	17 739	5 107	286
Belgique	10 773	1,3	4 241	1 885	534	30
Danemark	8 863	1	3 489	1 526	439	25
Espagne	10 539	1,2	4 149	1 815	523	29
Finlande	11 985	1,4	4 718	2 064	594	33
France	22 000	2,6	8 661	3 789	1 091	61
Grèce	20 131	2,4	7 925	3 467	998	56
Irlande	200	0	79	34	10	1
Italie	34 490	4	13 577	5 940	1 710	96
Luxembourg	700	0,1	276	121	35	2
Pays-Bas	9 606	1,1	3 782	1 654	476	27
Portugal	781	0,1	307	135	39	2
Royaume-Uni	39 000	4,6	15 353	6 717	1 934	108
Suède	26 191	3,1	10 310	4 511	1 299	73
UE-Quinze	**853 128**	**100**	**335 843**	**146 926**	**42 297**	**2 366**

* Populations issues des PECO 10 déjà installées dans les pays d'accueil.
Source : *DIW, Wochenbericht, 2000.*

économique, les populations des pays d'Europe centrale et orientale (PECO) manifestent une faible mobilité, même à l'intérieur de leur propre pays. Dans une période de transition économique, l'attachement au bien foncier, souvent difficilement acquis, se renforce. Voilà ce qui explique que de nombreux travailleurs refusent de quitter des régions touchées par un chômage massif pour retrouver une activité dans d'autres territoires proposant un cadre de vie meilleur.

Les États membres ont également prévu des dispositifs de garantie, certes critiqués par les pays candidats. Concernant la libre circulation des ressortissants des nouveaux pays adhérents, des périodes transitoires ont été demandées par plusieurs pays membres et obtenues. Les restrictions devraient s'échelonner dans le temps sur le mode deux + trois + deux ans. À chaque étape, le Conseil des ministres européens pourra décider de lever l'interdiction.

De plus, l'adhésion des pays candidats à l'espace Schengen n'entraînera pas *ipso facto* la levée des contrôles aux frontières intérieures de l'Union avec ces pays, car cette mesure nécessite une décision distincte prise par le Conseil à l'unanimité, à l'issue d'une évaluation spécifique effectuée par les États membres.

Contrairement à une idée reçue, l'élargissement n'entraîne pas d'immigration supplémentaire.

On voit bien, d'ailleurs, que les immigrants illégaux, dont les problèmes font la une des journaux, ne sont pas des ressortissants de pays directement concernés par l'élargissement.

Ils viennent de plus loin, de zones où l'économie est encore sinistrée, de pays en guerre ou qui ne respectent pas les droits élémentaires de la personne humaine. Ils sont afghans, kurdes, pakistanais. Ils ne sont ni tchèques ni lettons !

Par ailleurs, l'Europe est confrontée à une réelle poussée migratoire du Sud.

C'est la raison pour laquelle les chefs d'État et de gouvernement ont décidé, au sommet de Thessalonique, le 20 juin 2003, de jeter les bases d'une politique de l'immigration vraiment européenne. Le projet de Constitution européenne, en instaurant un espace de liberté, de sécurité et de justice, donne à l'Union les moyens de la construire. Ce n'est qu'à ce niveau en effet que nous pourrons mettre en œuvre un contrôle efficace de l'immigration clandestine et organiser une immigration intelligente au sein de l'espace européen désormais commun.

Les nouveaux adhérents seront-ils capables d'instaurer un vrai contrôle de cette immigration à leurs frontières ?

Ces pays seront, en effet, en première ligne pour assurer la sécurité quotidienne des Quinze en contrôlant les frontières extérieures de l'Union. Les futurs membres ont sérieusement renforcé leurs frontières grâce à l'aide de l'Union, qui a déjà dépensé 500 millions d'euro dans ce but et y consacrera 858 millions supplémentaires jusqu'en 2006. Par ailleurs,

12 millions d'euro de plus sont destinés à sécuriser le transit entre la Russie et l'enclave de Kaliningrad, qui passe par la Lituanie. La plupart des candidats ont introduit des visas pour les ressortissants des pays extérieurs (Russie, Biélorussie, Ukraine, etc.) et leurs douanes contribuent aujourd'hui à combattre les trafics.

Les services des nouveaux adhérents réalisent déjà le quart des saisies mondiales d'héroïne à leurs frontières ! Ils travaillent déjà main dans la main avec nos administrations. Logiquement, et nous l'appelons de nos vœux, ces services devront rapidement former une police aux frontières européennes dans un souci d'efficacité. Ce ne serait pas du luxe.

Car l'Europe est un espace de prospérité qui intéresse beaucoup, mais qui séduit aussi les trafiquants !

Les craintes peuvent être également contradictoires.

C'est le cas entre immigration et chômage. Elles se partagent entre le risque de voir le chômage à l'Ouest augmenter si les entreprises délocalisent en raison des bas salaires et le risque de provoquer un afflux d'immigrés si les revenus à l'Est ne se rapprochent pas de ceux de l'Ouest.

Il n'en demeure pas moins que l'élargissement est sans effet notable sur l'immigration interne à l'Union. Les nouveaux adhérents ont désormais davantage partie liée avec nous pour faire face à d'autres immigrations ou pour mieux réprimer les crimes et les délits, que l'inverse. C'est aussi cela la magie de l'Union européenne !

Une exceptionnelle culture commune

Dans l'opinion des citoyens de l'Union, les nouveaux adhérents inspirent encore trop la méfiance. Ils n'appartiendraient pas à notre culture, ils seraient trop différents. Cette peur de l'Autre prend prétexte de l'histoire pour leur contester l'appartenance au club des Européens. Elle constitue une vraie peur : notre culture est-elle en danger ?

Un examen objectif de ces pays nous conduit à conclure par la négative.

L'Europe, telle que nous allons la connaître, s'est forgé une identité commune à travers la culture.

Le développement des sciences en Europe s'est appuyé sur un réseau d'universités qui ne connaissait pas les frontières. Dès le Moyen Âge, on circulait d'université en université et celles-ci fleurissaient partout sur le continent.

Cracovie, fondée en 1348, où enseignait Copernic, rivalisait avec Florence, Paris et Vienne. Pécs en Hongrie, fondée en 1367, et Prague n'avaient rien à envier à Pise. Tartu, en Estonie, Vilnius en Lituanie ou Riga en Lettonie ont contribué au développement et à la propagation du savoir autant que nos universités. Les cours d'Europe centrale étaient aussi ouvertes aux sciences que les nôtres et ont joué un rôle considérable tant à la Renaissance que pour la propagation des idées de la Réforme.

Les philosophes et les chercheurs visitent les capitales d'Europe depuis le XIVe siècle et contribuent à la diffusion d'un savoir commun. Ils jouissaient alors de protections qui traduisaient le respect qu'ils inspiraient malgré les conflits et les rivalités nationales. Ils disposaient souvent, dans les capitales qui les accueillaient, des meilleurs moyens de recherche et d'enseignement.

Ce fut plus évident encore pour la flambée que constituèrent les idées des Lumières. Les mouvements nationaux ou démocratiques qui déferlèrent sur l'Europe en 1848 ont tout aussi bien concerné Prague que Paris, Bucarest que Budapest, Poznań autant que Berlin, la Croatie comme la Slovaquie.

L'Europe de l'élargissement, c'est l'Europe de la culture commune réunifiée. Nous partageons les mêmes goûts, les mêmes standards culturels et la même approche philosophique que les nouveaux membres de l'Union, sans pour autant vivre dans l'uniformité.

Parlons de la culture au présent !

L'exception culturelle, chère à la France, est une notion bien intelligible dans les nouveaux pays membres.

Dans un secteur comme l'industrie cinématographique où les États-Unis brillent de tous leurs feux, plusieurs des pays d'Europe centrale et orientale font face à cette concurrence et maintiennent leur industrie nationale avec succès. Tel est le cas de la production nationale en République tchèque avec 30 % de parts de marché, ou de la Pologne avec 20 %. Même si en Hongrie cette part de marché n'atteint que 5 %, les 24 films hongrois de 2002 se sont partagé 1 million de spectateurs, autant que les 33 films français [1].

Quant à la littérature, la Hongrie est le troisième pays en Europe pour le nombre de lecteurs (11 livres lus par an et par personne et jusqu'à 35 pour les grands appétits), derrière le Danemark et la Suède.

Mais que dire de l'art ? C'est lui qui trace les frontières de l'Europe mieux encore que les armées. On reconnaît l'art européen rien qu'à son intuition, à sa touche, à sa « patte ».

Le XIXe et les débuts du XXe siècles, plus proches de nous, nous rappellent comment ont travaillé les artistes du continent, en voyageant, échangeant, circulant comme si les frontières politiques, pourtant hérissées alors de nationalismes guerriers, n'existaient pas.

Marina Tsvetaïeva, venue de Moscou, s'établit successivement à Prague, Berlin et Paris avant de s'en retourner, pendant que Pasternak tournait dans l'autre sens.

Souvenons-nous aussi de l'extraordinaire bouillonnement artistique de l'École de Paris dont firent partie Chagall, Modigliani ou Brancusi ; du Bauhaus berlinois, qui attira,

1. Dossier du *Monde* du 15 mai 2003.

entre autres noms illustres, Kandinsky, Paul Klee ou László Moholy-Nagy.

Ces artistes, qui venaient des quatre coins de l'Europe, comprirent à quel point il pouvait être bénéfique de se rassembler autour de travaux communs, indépendamment des conflits ou des tensions sévissant entre leurs nations d'origine – on traversait alors les « années folles », un massacre finissait, un autre se préparait.

L'avant-garde artistique comme avant-garde politique ? L'idée frôle l'hérésie, mais mérite que l'on s'y intéresse.

Pour ces artistes il ne peut en effet y avoir de frontières, parce que leur commune inspiration est d'abord européenne.

On pense à Rilke, Mozart ; pensons aussi aux mécènes, à la Grande Catherine de Russie qui a attiré jusqu'à Saint-Pétersbourg les plus grands architectes, les philosophes les plus en vue, tel Diderot, les artistes les plus renommés. Comme Laurent le Magnifique de Florence avant elle, la tsarine partageait ce sentiment légitime que l'art européen est un. Il l'est resté malgré les saignées des conflits, les dictatures et les frontières.

Parmi les nouveaux arrivants dans l'Union, il est des États pour lesquels la question ne se pose pas. Évidemment, la République tchèque est l'un des faubourgs de Paris ou de Berlin pour la littérature, mais Budapest aussi, et Tartu et Vilnius et la Pologne !

Mais on ne peut pas oublier ce que la musique doit aux Hongrois Franz Liszt et Bela Bartók, aux Polonais Chopin et Rubinstein, aux Tchèques Smetana et Dvořák, au Roumain Enesco !

De même que les Tchèques Kafka et Capek, les Roumains Ionesco et Eliade, parmi bien d'autres, ont contribué au foisonnement littéraire européen.

Il n'est pas de pays de l'élargissement qui ne puisse revendiquer son apport à la culture européenne.

Les artistes eux-mêmes ont plaidé cette cause de l'Europe.

On se rappelle Victor Hugo, mais aussi Saint-Simon [1] ou William Penn [2]. Ils ont senti, plus fortement que d'autres, alors que ce n'était ni à la mode ni dans l'humeur des chefs, qu'unifier l'Europe était naturel. Alors, la réunifier est bien un devoir au nom de la culture européenne !

La qualité des artistes et des scientifiques des pays de l'élargissement est souvent sous-estimée à l'Ouest. Sait-on que l'Europe à vingt-cinq c'est pourtant, du jour au lendemain, quatorze prix Nobel de plus dans le club de l'Union !

La culture de l'Europe, c'est celle du mélange des nuances de ce continent qui partage les mêmes valeurs fondamentales, qui se régale à en décliner les différences mais qui les impose souvent au monde sous la même forme. Après l'élargissement, nous redécouvrirons combien celui-ci était naturel pour l'art, les sciences et le savoir.

Alors commencerons-nous peut-être à reconnaître à l'Europe une légitimité qui ne saurait se limiter à l'économique, à la gratifier d'une réelle identité qui dépasse le « modèle » que chacun aujourd'hui magnifie en l'opposant à d'autres et à le rechercher là où il est, c'est-à-dire à l'intérieur d'elle-même.

L'unité de l'Europe est d'abord culturelle.

Les valeurs de l'Europe

La liberté, la démocratie, le respect et le développement de la personne humaine sont à la base du projet européen.

---

1. *De la réorganisation de la société européenne ou de la nécessité et des moyens de rassembler les peuples de l'Europe en un seul corps politique* (1814).

2. *Essai pour la paix présente et future de l'Europe, par l'établissement d'une diète européenne, d'un parlement ou d'États* (1693).

Il est indispensable de le rappeler lorsqu'on observe l'embrouillamini idéologique qui saisit certains en mal de doctrine.

La liberté, parce que notre conviction profonde demeure que nous refusons tous les systèmes qui asservissent l'homme à une cause supérieure.

La démocratie, parce que nous adhérons à ce système d'organisation politique qui nous préserve de la dictature des minorités comme de la majorité et que nous acceptons de partager certaines tâches collectives pour le bonheur de chacun, en votant pour élire ceux qui nous dirigent et pour les contrôler.

La personne humaine, avec ses droits, ses souhaits, ses imperfections comme ses merveilles, demeure le pivot de toute organisation sociale. Elle représente davantage que le seul individu, qui ne saurait prendre en compte la spiritualité, la progression des êtres, leur droit à une seconde chance voire au pardon, leur vie dans une organisation sociale dont la première unité est d'abord la famille. Les droits de l'homme en sont extraits. Ils sont individuels et personnels avant d'être collectifs. Ils sont intangibles et ne peuvent être asservis à une quelconque organisation ou cause collective.

En ce sens, le christianisme a donné à l'Europe cette valeur fondamentale de respect de la personne humaine qu'il partage avec le judaïsme. C'est ce qui nous différencie de grandes civilisations alternatives, comme la Chine ; c'est ce qui nous rapproche de nos alliés occidentaux comme les États-Unis, mais c'est ce qui fait notre spécificité.

Aujourd'hui, cette valeur fondamentale demeure l'héritage le plus précieux de notre histoire.

Oui, ces nouveaux pays adhèrent à nos valeurs.

J'ai visité plusieurs fois tous les nouveaux membres de l'Union. Partout sont mis en exergue la démocratie et ses bienfaits. Partout elle est réclamée et pratiquée comme la chance de ceux qui ont retrouvé la liberté.

J'ai connu des dirigeants de ces pays bien plus démocrates

que certains de nos hommes politiques. J'en ai rencontré d'autres, plus novices et dont le souci de bien faire trahissait des raisonnements encore hésitants ou... aléatoires.

Mais tous s'enthousiasment à l'idée de garantir de manière durable le règne de la démocratie et de la liberté. Leur adhésion à l'Europe, c'est la reconnaissance qu'ils font désormais partie du club et qu'ils entendent y jouer un rôle moteur.

Il faut dire que l'apprentissage, s'il fut rapide au regard de l'histoire, a été brutal et sévère.

Dès les années quatre-vingt-dix, pour adhérer au Conseil de l'Europe, antichambre juridique et démocratique de l'Union, il fallait signer les conventions élaborées en son sein qui interdisaient la peine de mort, garantissaient la liberté de la presse, les libertés syndicales et individuelles. Tous l'ont fait avec fierté et courage. Rares sont ceux qui n'ont pas satisfait aux exigences que nous leur avons ainsi imposées. En tout cas, parmi les dix nouveaux, pas un n'a réellement manqué à ces obligations, fussent-elles les plus dures.

Nous avons ainsi imposé aux Pays baltes que les anciens occupants soviétiques, aujourd'hui russes, puissent être traités comme des nationaux, et ils l'ont fait. Nous avons « gelé » l'épineuse question des minorités en Europe centrale, cause de tant de conflits et conséquence de découpages de frontières multiples, parfois injustes, et difficilement justifiables. Pour entrer dans l'Europe, ils ont accepté un ordre juridique extérieur comme jamais nous ne l'aurions accepté.

Observer l'évolution des nouvelles démocraties d'Europe centrale et orientale donne le tournis. En dix ans se sont mises en place de vraies démocraties, des États de droit souvent exemplaires. Des élections libres ont été organisées et, malgré les hésitations premières, dues au nombre de partis politiques, aux excès, au populisme, aux ravages du communisme, la démocratie a retrouvé ses racines dans ces États qui l'ont tous pratiquée dans le passé.

En effet, parmi les nouveaux arrivants, nombre de pays

pourraient nous en remontrer dans l'exercice de la démocratie. Les villes hanséatiques de la Baltique avaient décentralisé avant l'heure et jeté les bases d'organisations sociales solidaires très efficaces. Elles disposaient d'assemblées élues avant même que nous en ayons l'idée ; elles avaient organisé une vraie solidarité sociale qui permettait de venir en aide à ceux qui étaient dans le besoin !

La plupart des pays qui adhèrent ont connu dans un passé plus lointain le même développement de la démocratie que chez nous. Il fut progressif, erratique, mais le mouvement et son calendrier furent les mêmes que les nôtres à de rares exceptions près.

Pourtant, les nouveaux adhérents suscitent encore des inquiétudes dans l'Europe d'aujourd'hui :

– La démocratie y est-elle réellement ancrée ?
– Les droits des minorités y sont-ils vraiment respectés ?
– La corruption y sera-t-elle éradiquée ?

Les pays d'Europe centrale ont douze ans de pratique démocratique sans faille derrière eux. Pour la plupart d'entre eux, il s'agissait de retrouver des règles et des réflexes interdits et bannis par le communisme.

La régularité des échéances électorales et le bon déroulement des élections en témoignent. Toutes ont été organisées et tenues à date fixe et selon les règles, sous le contrôle, au début, d'observateurs internationaux.

On ne cite les élections législatives anticipées, en juin 2001 en Lituanie et en janvier 2002 en Estonie, qu'à titre d'exception mais là encore selon les règles les plus établies de la pratique démocratique.

Des formations politiques modérées ont gouverné ces pays depuis 1989. Elles furent nombreuses et divisées au départ – cela nous arrive aussi –, mais toutes se réclamaient de la démocratie, y compris les successeurs des communistes. Si la Slovaquie a connu une période turbulente entre 1993 et

1997, elle a su lors des dernières élections en septembre 2002 couper l'herbe sous le pied des forces populistes et contredire ainsi les prévisions alarmistes. D'autres, notamment la Hongrie, ont écarté du Parlement en mai 2002 les partis d'extrême droite, en l'occurrence le Parti hongrois de la Justice et de la Vie[1].

Nous n'avons véritablement rien à redire à la manière dont les dix nouveaux arrivants ont pris le « virage démocratique ». Mieux encore, dans des circonstances historiques identiques, les grands pays d'Europe de l'Ouest, dont la France, n'auraient pas fait mieux !

Ni vengeance, ni tricherie, ni coup de force, aucune mauvaise nouvelle n'est advenue depuis la chute du Mur de Berlin. C'est extraordinaire, mais c'est ainsi, la démocratie est de retour en Europe centrale, d'une manière apaisée. Réjouissons-nous !

Les minorités

Depuis des siècles les minorités sont présentes et turbulentes en Europe centrale. Historiquement, elles ont toujours formé des communautés fortes ; elles furent souvent l'occasion de conflits, c'est l'une des spécialités européennes.

Le traitement des minorités est un sujet essentiel pour les instances européennes. Parce qu'il est la preuve du respect des règles démocratiques élémentaires dans la vie de tous les jours et que l'Europe centrale est particulièrement propice aux affrontements qu'il peut susciter. Il faut, c'est vrai, toujours rester vigilant. C'est ce que nous enseigne l'histoire. Une institution discrète mais efficace y veille pour nous depuis longtemps : le Conseil de l'Europe.

1. En hongrois : MIEP, Magyar Igazság és Elet Pártja.

Aujourd'hui l'intégration européenne, dûment relayée par des actions et des pressions efficaces, semble avoir eu raison du mal endémique qu'a longtemps constitué l'irrédentisme. Instruits par l'histoire, nous avons su être convaincants et plaider la cause de la paix, souvent avec l'aide de la force, de la pression politique ou de... notre porte-monnaie.

Force est de constater que la question des minorités n'empoisonne plus l'Europe.

Si, ici ou là, quelques frictions surviennent, souvent à l'heure des élections, comme en Hongrie, en République tchèque ou en Slovaquie, elles sont tellement décriées à l'échelle européenne qu'elles se règlent d'elles-mêmes au niveau national. Hommage soit rendu à l'Union européenne dont la force d'attraction et de conviction a permis la coexistence pacifique des minorités.

Peut-on ainsi citer un seul mouvement séparatiste qui ait fait parler de lui ces dernières années en Europe centrale ? Il n'y a pas de séparatistes chez les nouveaux membres de l'Union ; il y en a quelques-uns chez les Quinze !

Chez les nouveaux membres, la représentation des minorités a été organisée de manière généralement exemplaire. Dans plusieurs pays, leur protection est une obligation constitutionnelle. En Hongrie, où la loi sur les minorités en énumère treize (bulgare, tzigane, grecque, croate, polonaise, germano-souabe, arménienne, roumaine, russe, serbe, slovaque, slovène, ukrainienne), elles sont regroupées en collectivités autonomes, dont les responsables sont élus au niveau local et au niveau national pour défendre leurs intérêts. Ces collectivités sont financées sur fonds publics et militent pour la défense des traditions et l'apprentissage des langues. Dans d'autres pays, notamment en Pologne, leur représentation au Parlement est garantie. On note par ailleurs l'existence en Hongrie de l'unique lycée tzigane au monde, connu pour son excellence et son exemplarité, même si la communauté rom est loin d'être intégrée correctement dans les États de la région.

La corruption dans les pays d'Europe centrale et orientale est un autre thème en ligne de mire. La Commission européenne a récemment pointé du doigt plusieurs pays candidats qui seraient des mauvais élèves pour la lutte contre ce fléau. Ces pays font de réels efforts, qui devront être poursuivis. Les notes délivrées par l'organisation non gouvernementale Transparency International, qui s'est fait une spécialité de noter le degré de corruption de tous les pays du monde, ne sont pourtant pas alarmantes. La Slovénie et l'Estonie, respectivement 27e et 29e, se trouvent juste derrière la France (25e), la Hongrie à égalité avec l'Italie (33e).

Il ne servirait à rien de cacher que c'est un domaine sur lequel beaucoup reste à faire.

Les procédures européennes ont su intégrer cet impératif et les autorités communautaires en ont fait un élément d'appréciation de la préparation à l'adhésion. On peut espérer que la hausse du niveau de vie des pays de l'élargissement ira de pair avec des institutions transparentes ; c'est le mouvement qui est entamé depuis quelques années et qui devrait aboutir rapidement à des situations comparables à la nôtre.

Les pays qui rejoignent l'Union le 1er mai 2004 partagent nos valeurs. Ils les ont inscrites en devise de leur action. En quelques années, nos différences s'estomperont.

Un espace de politique intérieure

Avec l'élargissement, le marché intérieur des biens et des services va s'accroître. En l'espace de quelques années, les nouveaux venus ont réorienté tous leurs courants d'échanges vers l'Union.

Mais si l'économie, une fois encore, va créer des solidarités d'intérêt plus fortes que l'esprit de division, ce sont les échanges humains qui vont consacrer un nouvel espace de politique intérieure encore plus vaste. On aurait tort d'en négliger les effets.

Il existe des partis politiques européens auxquels appartiennent les différentes formations de l'Ouest et de l'Est.

D'ores et déjà, le Parti populaire européen et le Parti des socialistes européens ont intégré les nouveaux membres dans leurs instances, respectivement 42 % et 36 % des 162 députés-observateurs, des dix nouveaux membres.

La sphère politique et la réflexion politique s'élargissent. À l'heure de la mondialisation ce n'est pas inutile. Est-il aussi nécessaire de dire à quel point cela est bénéfique pour les pays fondateurs de l'Union, qui avaient une fâcheuse tendance à s'endormir sur les avantages acquis, alors que la concurrence fait rage sur les marchés mondiaux ?

On peut affirmer sans excès que l'arrivée de démocraties plus jeunes va inciter les plus anciennes à une nécessaire ouverture sur des horizons autres que les avantages obtenus au fur et à mesure des campagnes électorales.

Nous avions incontestablement pris l'habitude de sommeiller entre deux scrutins, en attendant d'exercer notre chantage électoral rituel sur des candidats soucieux de marquer leurs différences avec leurs adversaires.

Ainsi sont nées les 35 heures en France ou en Allemagne. Avantage de riches inadapté à la réalité du monde. C'était un message subliminal très négatif pour relativiser le travail et magnifier une société de loisirs. Comme si la dureté des temps nous mettait à l'abri, dans une bulle.

On peut penser que les nouveaux adhérents sauront nous transmettre un peu de leur dynamisme, une vision différente et plus courageuse de la société et du développement de la personne dans ses diverses communautés de vie.

La politique européenne va se transformer. Gageons qu'elle y gagnera en intérêt, en réalisme et en vérité ! Dans chacun de ces pays, comme au niveau européen, on ne peut plus faire de la politique en ne regardant que son nombril.

Il faut aussi aborder la question des frontières, sous l'angle plus positif de la disparition des frontières internes entre les nouveaux pays membres.

L'Europe centrale, poudrière nationaliste de l'Europe, disait-on encore récemment. Hélas, ce fut justifié il y a quelques années encore pour les peuples de l'ex-Yougoslavie, qui vivent encore des moments difficiles.

Mais les citoyens des dix États qui nous rejoignent voient s'éloigner les crispations vieilles de cent ans et génératrices de conflits et d'affrontements.

L'ancien Premier ministre hongrois s'est réjoui récemment de pouvoir téléphoner au vice-Premier ministre slovaque, d'origine hongroise, comme à son cousin éloigné. Les deux hommes savent que, dans moins d'un an, il n'y aura plus de frontière entre leurs deux pays.

À la sortie de la Seconde Guerre mondiale, ces deux pays avaient dû échanger plusieurs centaines de milliers de citoyens, des Hongrois vivant sur le sol alors tchécoslovaque étant renvoyés en Hongrie et vice versa. Ce n'est plus possible aujourd'hui et pour toujours.

Au moment où nous écrivons ces lignes, des gardes-frontières tchèques jettent encore des regards méfiants sur les voitures immatriculées en Slovaquie, alors qu'il s'agit de peuples frères qui ont tout en commun. Cela doit cesser. Et l'élargissement est la machine à raboter les frontières qui les aidera.

Puis, avec l'adhésion de la Roumanie d'ici quelques années, les tensions roumano-hongroises liées à la Transylvanie n'appartiendront plus qu'à l'histoire.

Désormais libres, les peuples d'Europe centrale apparaissent largement guéris de la longue maladie de la division ethnique qui a duré des décennies.

Et c'est l'Europe qui a orchestré la guérison.

Les nostalgiques déconcertés

On nous change notre Europe !

Tel est le cri que poussent les Européens de toujours. Ils ont raison. La Communauté originelle, celle qui a eu l'audace d'établir une stricte égalité entre ses membres, qu'ils s'appellent le Luxembourg ou la France, n'est plus l'Europe d'aujourd'hui. Et l'on peut craindre que le rêve européen, celui de constituer une vraie grande puissance, qui puisse être l'égale des États-Unis, se perde dans les sables de l'élargissement. À n'avoir pas suffisamment approfondi la Communauté avant de l'élargir, on ne serait pas fidèle à son souffle du départ.

Soyons francs, ces arguments ne sont pas tous faux.

Mais l'Europe elle-même a beaucoup changé, avant même l'élargissement.

Comme toute construction humaine, elle est lente à se mettre en place. Elle a pris son temps, les pro-européens ont dû lutter souvent et longtemps pour imposer leurs vues et ils n'ont pas toujours eu gain de cause. Nous avons refusé, au sortir de la guerre, une armée unique. Nous avons mis près de quarante ans à faire l'euro et près de cinquante à faire collaborer nos polices.

Il y a un temps humain, un temps de l'homme, qui doit être pris en compte dans toutes les grandes ruptures avec le passé.

Le tempo de l'Europe est lent, mais régulier. Elle progresse.

Lorsque le Mur de Berlin s'est soudainement effondré dans des conditions que personne n'avait imaginées, au début de la dernière décennie du siècle précédent, nous ne nous y attendions pas, même si nous avons lutté pour y parvenir.

La réunification de l'Europe devenait possible et venait bousculer notre cheminement. Fallait-il la refuser ? Était-ce seulement possible ?

Dès les années quatre-vingt-dix, le chancelier Helmut Kohl indiquait clairement que nous devions immédiatement ouvrir la porte à nos amis de l'est de l'Europe qui retrouvaient enfin le chemin de la maison commune. Il l'a fait pour l'Allemagne, à un coût très élevé. Il restera dans l'Histoire pour cela.

Nous le faisons pour l'Europe centrale et orientale parce que c'est, d'abord, un devoir moral.

Et la France s'honore de l'avoir compris rapidement.

Comment donc gérer au mieux ces adhésions sans remettre en cause le projet européen ? Avec réalisme, pragmatisme et vraisemblablement un peu d'audace.

Puisque le calendrier nous est imposé et que, au fond, nous nous en réjouissons, faisons preuve de générosité.

Montrons aussi un pragmatisme et un réalisme qui ne sauraient être confondus avec la résignation. Non, l'Europe n'est déjà plus une simple zone de libre-échange. Il n'y a pas de raison qu'elle le devienne. Elle est bien plus que cela.

Constatons tout d'abord qu'elle a beaucoup changé depuis 1957.

L'intégration de nos économies a constitué un formidable accélérateur. Le corpus de règles européennes s'est considérablement accru et il n'y a plus de sujet qui soit tabou. Tout est désormais susceptible d'être un jour « communautarisé ». Ceux-là mêmes qui, hier, protestaient contre l'intégration économique, réclament un mandat d'arrêt européen ; on construit pas à pas une Europe de la défense, l'euro est accepté.

Le mécanisme d'intégration est en route, il bouscule tout sur son passage et, au fond, n'est plus vraiment contesté que par ceux qui regrettent de devoir abandonner leur pouvoir national au profit d'une logique européenne d'efficacité que l'opinion réclame.

Au rêve initial s'est substituée la banalité d'un grand espace intégré. Et de nouvelles préoccupations, comme le respect des diversités, les revendications culturelles et régionales, ont émergé.

Quand Jacques Delors lui-même parle de l'Europe comme d'une Fédération d'États-nations, on comprend que c'est l'échiquier qui a bougé et non les pièces sur l'échiquier qui se sont déplacées.

N'ayant pas avancé rapidement vers une Europe de la défense, ni vers une politique étrangère commune, ayant laissé le temps faire son œuvre dans les esprits, nos propositions de relance européenne sont souvent plates et peu ambitieuses, au fond comme la réglementation communautaire, technique et compliquée.

Pour autant faut-il baisser les bras ?

Non, car l'avenir de l'Europe est plus ensoleillé qu'il n'y paraît.

L'élargissement, c'est d'abord le succès de l'Europe communautaire. Cet afflux de candidatures est un plébiscite en lui-même.

Par ailleurs, en lançant la mécanique d'une réforme de l'Union, portée par la Convention pour l'avenir de l'Europe qu'a présidée M. V. Giscard d'Estaing, les chefs d'État et de gouvernement ont manifesté leur claire conscience de la nécessité d'avancées audacieuses. Il nous faut inventer une nouvelle Europe, qui doit aussi s'habituer au quotidien. Il n'est pas nécessaire de toujours arriver à la crise. Il n'est pas forcément indispensable de la faire progresser avec de grands moulinets de bras.

Sera-t-il plus difficile de la faire à vingt-cinq qu'à quinze ?

Ce n'est pas évident.

Les négociations techniques seront, bien sûr, plus difficiles, mais jamais insurmontables. Nous l'avons prouvé dans le passé.

Demeurera la nécessité d'une volonté politique forte d'aller plus loin dans la mise en commun des compétences de nos États. Cela ne dépend pas de la taille de l'Europe, cela dépend de la force de nos convictions. Quelques chefs d'État ou de gouvernement audacieux peuvent toujours prendre l'initiative d'avancées nouvelles. Cela dépend d'eux, cela dépend de nous. Et dans cet exercice prospectif et de courage, les nouveaux venus risquent, peut-être, d'être les plus enthousiastes.

Nous aurons, certes, à appliquer quelque temps le mauvais traité de Nice. Conclu en 2000, il symbolise parfaitement ce que la vieille méthode « communautaire » peut produire de pire lorsqu'elle est poussée à bout. Il faut changer de méthode car nous avons changé d'époque. Et dans cet exercice aussi, les nouveaux venus nous aideront davantage que si nous étions restés entre nous ; car ils ont faim d'Europe alors que nous paraissons parfois en être rassasiés !

Ne désespérons donc pas de l'Europe. De crise en crise, elle ne nous a jamais déçus !

La manière dont a travaillé la Convention européenne est, à cet égard, exemplaire. Une ambiance magique s'y est créée, chacun souhaitant participer et contribuer à l'avancée de tous sans se contenter de dire non.

La Convention a inventé une nouvelle forme de négociation européenne, démocratique, peu technocratique et, somme toute, terriblement efficace. Au départ, tour de Babel, elle est devenue Constituante.

Les historiens retiendront que, sans jamais voter formellement, les 105 conventionnels ont adopté presque à l'unanimité (seuls 8 d'entre eux n'ont pas adopté la conclusion des travaux) une Constitution applicable à 451 millions de personnes.

Puissent les gouvernements s'inspirer de ce miracle, réalisé par les représentants des parlements démocratiquement élus, du Parlement européen, c'est-à-dire des citoyens européens, et des gouvernements.

L'Europe constitutionnelle

Face à la difficulté d'imaginer de nouvelles institutions pour l'Europe unie, les gouvernements avaient décidé de conférer à une « Convention » le soin d'élaborer un projet « refondateur » qui leur serait ensuite soumis [1].

La situation était compliquée par le fait que les nouveaux membres entendaient adhérer aux institutions anciennes – à une Europe qui leur était familière – et non à un autre projet en devenir qui, en quelque sorte, les conduisait à accepter en amont de nouvelles règles de fonctionnement de l'Union.

Le pari de la Convention était donc risqué. Il a réussi, et le mérite en revient avant tout à Valéry Giscard d'Estaing, son président.

De nombreuses avancées résultent de ses travaux. Plus important, l'Union n'a enregistré aucun recul.

Un travail de clarification des compétences de l'Union et des États y a été réalisé. Une simplification des normes et des procédures européennes s'y est naturellement imposée.

Des institutions efficaces y ont été dessinées, notamment un président de l'Europe, un ministre des Affaires étrangères et une Commission réduite en taille. La démocratie y trouve largement son compte et le Parlement européen en sort renforcé.

Enfin, la « société européenne » trouve un consensus sur

---

1. Cette décision est intervenue au Sommet européen de Laeken, des 14-15 décembre 2001, sous présidence belge.

des valeurs et un projet communs. Une Charte des droits fondamentaux devient constitutionnelle. Elle fera de l'Europe la région du monde où les droits individuels et collectifs seront les plus protecteurs.

Pour parvenir à ces résultats complètement inespérés, la Convention a accepté de reculer jusqu'en 2009 l'entrée en vigueur de ses propositions.

Les dix nouveaux adhérents feront donc leur apprentissage de l'Union avec les anciennes institutions, sur lesquelles leurs peuples ont ratifié leur adhésion. Ils n'en goûteront que plus les avancées européennes prévues par la nouvelle Constitution, à l'élaboration de laquelle ils ont d'ailleurs participé.

Vivre avec le traité de Nice

Tout le monde s'accorde à dire que le traité conclu à Nice en décembre 2000 est la caricature de ce qu'était devenue une Europe assoupie depuis l'élan de l'euro. Il s'est contenté d'adapter les institutions au nouveau nombre d'États membres, sans changer les règles ni les principes institutionnels sur lesquels est assise l'Europe depuis 1957.

Ce mauvais traité de Nice, entré en vigueur au 1er février 2003, s'appliquera jusqu'en 2009, date à laquelle – si les gouvernements le confirment –, les nouvelles règles issues des travaux de la Convention et de la conférence intergouvernementale qui s'est ouverte le 4 octobre s'appliqueront.

Toujours est-il que la date de l'adhésion des dix nouveaux membres est fixée au 1er mai 2004.

La compréhension du calendrier institutionnel de l'élargissement sollicite l'attention du lecteur !

Nous distinguons ainsi trois phases :

– entre le 1er mai et le 31 octobre 2004,
– entre le 1er novembre 2004 et le dernier trimestre 2009,
– au-delà de 2009.

La prise de décision au Conseil (pondération des voix)

Pour la période allant de l'adhésion du 1er mai 2004 jusqu'au 31 octobre 2004, les voix des nouveaux membres seront distribuées selon l'ancienne pondération découlant du traité d'Amsterdam.

Pondération des voix au Conseil
entre le 1er mai 2004 et le 31 octobre 2004

États membres	Voix au Conseil
Allemagne, France, Italie, Royaume-Uni	10
Espagne, Pologne	8
Belgique, Grèce, Hongrie, Pays-Bas, Portugal, République tchèque	5
Suède, Autriche	4
Danemark, Estonie, Finlande, Irlande, Lettonie, Lituanie, Slovaquie, Slovénie	3
Chypre, Luxembourg, Malte	2
Total UE	124

Le traité d'adhésion précise qu'entre le 1er mai et le 31 octobre 2004, pour une décision du Conseil à la majorité qualifiée, le seuil sera fixé à 88 voix dans les cas où le traité requiert une adoption sur la base d'une proposition de la Commission. Dans les autres cas, les actes requerront au moins 88 voix et une majorité des deux tiers des États membres.

La nouvelle pondération adoptée à Nice entrera en vigueur au 1er novembre 2004[1]. Le tableau ci-dessous détaille le

1. Selon le point 7 des conclusions de la présidence du Conseil européen de Copenhague, 12-13 décembre 2002.

poids de chaque pays, exprimé en nombre de voix, le total des vingt-cinq pays étant arrêté à 321.

Pondération des voix au Conseil à partir du 1er novembre 2004

États membres	Voix au Conseil
Allemagne, France, Italie, Royaume-Uni	29
Espagne, Pologne	27
Pays-Bas	13
Belgique, Grèce, Hongrie, Portugal, République tchèque	12
Suède, Autriche	10
Danemark, Finlande, Irlande, Lituanie, Slovaquie	7
Chypre, Estonie, Lettonie, Luxembourg, Slovénie	4
Malte	3
Total UE	321

Dans la future Union à vingt-cinq, à partir du 1er novembre 2004, lorsqu'il est prévu que le Conseil statuera à la majorité qualifiée, le seuil de vote requis sera de 232 voix et devra exprimer le vote favorable des deux tiers des États membres.

Il est enfin prévu une « clause démographique », à l'aide de laquelle tout État pourra demander de vérifier que la majorité obtenue représente au moins 62 % de la population totale de l'Union ; si tel n'est pas le cas, la décision ne sera pas adoptée.

Ainsi, sur un total de 321 voix, le seuil de la minorité de blocage au sein du Conseil se situera à 90 voix – soit 3 « grands » pays à 29 voix + un « petit » à 3 voix – et le seuil de la majorité qualifiée à 232 voix, soit 72,27 %.

La déclaration n° 20 du traité de Nice a octroyé 4 voix à la Lettonie. À Copenhague, considérant le principe d'une représentation adéquate et équitable des différents membres du Conseil en rapport avec le poids de leur population, la

Lettonie a déclaré se réserver le droit de rediscuter cette pondération, qui lui est défavorable, à la prochaine conférence intergouvernementale, sous présidence italienne.

La présidence du Conseil européen

Le Conseil européen de Bruxelles fut l'occasion de déclarer **le maintien de la présidence rotative du Conseil européen jusqu'à la fin 2006**, après l'entrée dans l'Union des dix nouveaux membres. D'ici là, l'ordre des présidences à compter de l'année 2007 sera décidé par le Conseil.

L'ordre des présidences rotatives 2003-2006

Année	1er semestre	2ème semestre
2003	Grèce	Italie
2004	Irlande	Pays-Bas
2005	Luxembourg	Royaume-Uni
2006	Autriche	Finlande

La nouvelle Commission européenne

Le traité de Nice prévoit l'attribution d'un commissaire européen pour chacun des dix nouveaux membres, et ce, dès le 1er mai 2004.

Les échéances légales entraînaient l'expiration normale du mandat de la Commission Prodi le 31 décembre 2004. Afin d'éviter de faire perdurer les difficultés inhérentes au fonctionnement d'une Commission trop nombreuse, disposant de 30 sièges, celle-ci a donc décidé d'attribuer dès le 1er mai 2004 aux nouveaux arrivants un poste de commissaire sans portefeuille et d'anticiper la fin de son mandat au 31 octobre.

Une nouvelle Commission sera désignée à l'issue des élections au Parlement européen de juin 2004 et entrera en fonction le 1er novembre 2004 ; elle disposera de 25 commissaires, selon le modèle établi d'un commissaire pour chaque État membre de l'Union.

Un système identique, permettant la participation d'un national de chaque État membre au sein des institutions, sera retenu pour le fonctionnement de la Cour des comptes européenne, la Cour de justice des Communautés européennes et le tribunal de première instance.

Le Parlement européen

Les dispositions du traité de Nice relatives au Parlement européen s'appliqueront dès les élections européennes des 10 et 14 juin 2004.

À compter du début de cette législature, chaque État se verra attribuer un nombre de sièges correspondant à celui qui lui a été attribué par le traité de Nice, augmenté du résultat de la répartition proportionnelle des 50 sièges destinés à la Bulgarie (17) et la Roumanie (33) dans la perspective d'une adhésion future – l'Allemagne et le Luxembourg ne bénéficiant pas de cet ajout temporaire.

Le nombre total de représentants au Parlement européen est plafonné à 732 sièges[1].

La Hongrie et la République tchèque ont fait valoir à Nice leur désaccord avec la répartition projetée des sièges au futur Parlement. Il fut donc décidé, au sommet de Copenhague, d'aligner leur nombre de députés sur celui de la Belgique, de la Grèce et du Portugal, dont les poids démographiques respectifs dans l'Union sont sensiblement identiques. Tous ces pays se verront ainsi attribuer 24 députés chacun.

1. À comparer avec les 535 membres que comptent les deux chambres du Congrès américain.

Répartition des sièges au Parlement européen d'après le traité de Nice, corrigée au sommet de Copenhague

États membres	Sièges
Allemagne	99
France, Royaume-Uni, Italie	78
Espagne, Pologne	54
Pays-Bas	27
Belgique, Grèce, Hongrie, Portugal, République tchèque	24
Suède	19
Autriche	18
Danemark, Finlande, Slovaquie	14
Irlande, Lituanie	13
Lettonie	9
Slovénie	7
Chypre, Estonie, Luxembourg	6
Malte	5
TOTAL UE	732

Actuellement, la France compte 87 sièges de députés européens. Ils seront 78 dans l'Union à vingt-cinq.

La Commission a récemment rappelé aux nouveaux arrivants la nécessité et l'urgence de la transposition du règlement communautaire permettant aux ressortissants de l'UE, même ceux ne résidant pas dans leur pays d'origine, de voter et se présenter aux élections européennes. Aujourd'hui, seuls trois pays (Estonie, République tchèque et Slovénie) ont intégré cette disposition à leur bloc de légalité.

Selon les prévisions de la Commission européenne, l'élargissement aura pour effet d'ajouter 1 million d'électeurs aux 4,7 millions actuels de ressortissants européens vivant dans un pays autre que le leur.

La Commission estime à plus à 340 millions le corps électoral de l'ensemble de l'Union à vingt-cinq qui sera appelé aux urnes lors des échéances européennes de juin 2004.

La Banque centrale européenne (BCE)

La BCE a pris les devants sur la réforme des institutions.

Le traité de Nice n'a pas modifié la composition du conseil des gouverneurs de la BCE (composé des membres du directoire et des gouverneurs des banques centrales nationales), mais a créé la possibilité de modifier les règles de prise de décision (article 10 du statut).

Usant de cette possibilité, les chefs d'État et de gouvernement européens ont décidé d'instaurer un système de vote rotatif au sein du conseil des gouverneurs, prenant effet après l'élargissement. Il devrait ainsi permettre le bon fonctionnement d'une institution pourtant dopée, en termes d'effectifs, par l'adhésion de dix nouveaux membres.

La proposition de la BCE fut présentée en février et adoptée en avril 2003. Celle-ci projette de réduire le nombre des gouverneurs ayant droit de vote lorsque la zone euro s'étendra à plus de quinze pays.

Cette réduction se fera en deux étapes, regroupant les États en fonction de leur poids économique (PIB) en deux groupes, lorsque la zone euro passera de quinze à vingt-deux pays, en trois groupes lorsqu'elle en comportera plus de vingt-deux.

Durant la première phase, le premier groupe sera composé des cinq gouverneurs des pays les plus riches, qui disposeront chacun de quatre voix. Le second groupe rassemblera les autres gouverneurs et disposera de onze voix au total.

Durant la seconde phase, lorsque plus de vingt-deux pays appartiendront à la zone euro, le premier groupe demeurera constitué de cinq gouverneurs ayant quatre voix chacun ; le second groupe ne disposera plus que de huit voix et un troisième fera son apparition, doté de trois voix.

Dans ce deuxième cas, le premier groupe de cinq pays pourrait être constitué de l'Allemagne, du Royaume-Uni, de la France, de l'Italie et de l'Espagne, votant alors dans 80 % des cas.

Le deuxième groupe pourrait être appelé à voter dans 70 % des cas, alors que le troisième groupe, seulement dans 50 % des cas.

Les nouveaux membres se situeraient dans les deuxième et troisième groupes.

Ce nouveau système désavantagera ainsi les nouveaux membres, dérogeant au principe institutionnel communautaire d'égalité, tel qu'exprimé par l'idée d'une voix pour chaque pays. Il prendra pourtant effet, à moins que la Conférence intergouvernementale ne choisisse une autre procédure.

Les nouveaux fonctionnaires européens

De nouveaux fonctionnaires intégreront les institutions communautaires.

Le premier concours pour des postes d'auxiliaires lancé par la Commission européenne en janvier 2002 a fait figure d'un test permettant de mesurer l'intérêt porté aux emplois proposés au sein des institutions communautaires, notamment chez les populations des futurs adhérents. Il fut probant, puisque l'on recensa 25 000 candidatures en provenance des dix nouveaux membres.

Plusieurs milliers de postes d'administrateurs, d'assistants, de secrétaires et d'interprètes traducteurs seront offerts par les institutions européennes d'ici fin 2004.

La Commission européenne, pour ne citer qu'elle, proposera ainsi 3 500 nouveaux postes permanents, dont 10 postes de directeur général (le plus haut niveau, appelé A1), 42 postes de niveau A2 et 189 postes de cadre moyen. Ces responsabilités seront réparties entre les dix pays, en fonction de leur poids démographique et de la pondération de leurs voix au Conseil.

Avec l'élargissement, la population de l'UE augmente de

20 %, le nombre d'États membres de 66 %, celui des langues officielles de 82 %.

Il y aura ainsi, dès le 1er mai 2004, 20 langues officielles au sein des institutions de l'Union. Une telle évolution ne va pas sans une recrudescence des postes d'interprètes et de traducteurs. L'impact de l'élargissement sur le recrutement des linguistes sera remarquable ! Selon une étude de la Commission, les besoins seraient de 40 interprètes et 40 traducteurs par nouvelle langue, ainsi que 60 postes administratifs.

Soit plus de 800 fonctionnaires supplémentaires, à comparer aux 2 000 officiant actuellement dans les services de traduction.

Le coût de traduction devrait néanmoins se maintenir en dessous de 2 euro par citoyen et par an, son niveau actuel !

La dynamique de la Constitution

Il n'est pas possible, au moment où ces lignes sont imprimées, de porter un jugement définitif sur le projet de Constitution tel qu'il fera l'objet d'un accord entre les gouvernements de l'Union. Les négociations sont en cours depuis le 4 octobre, au sein d'une conférence intergouvernementale, et seront certainement longues et ardues.

Néanmoins, l'équilibre trouvé par la Convention qui a rédigé le projet sur lequel se penchent désormais les chancelleries est tel, sa dynamique politique est si forte qu'on peut penser que l'essentiel de son esprit sera préservé.

Conformément au mandat confié par le Conseil européen, ce projet constitutionnel organise la simplification des règles et des procédures applicables au sein de l'Union, en modifie les institutions principales et clarifie les compétences entre les États et l'Union.

Les actes juridiques de l'Union seront au nombre de six, les procédures de décision associeront plus systématiquement le Parlement européen qui sort ainsi renforcé des propositions de la Convention, la majorité qualifiée (la moitié des États représentant trois cinquièmes de la population) devient la règle pour l'adoption de toute une série de décisions nouvelles.

Le nombre de parlementaires européens est plafonné à 732. Ils disposeront de prérogatives nouvelles et participeront désormais à la plupart des décisions prises par les autorités de l'Union.

Le Conseil européen, qui rassemble les chefs d'État et de gouvernement, élira un président pour deux ans et demi qui représentera l'Europe. Il sera assisté par un ministre des Affaires étrangères, vice-président de la Commission.

Ce dernier présidera aussi le Conseil des ministres des Affaires étrangères, qui continue à statuer à l'unanimité mais compose une instance à part, chargée seulement de politique extérieure. Le Conseil législatif et des Affaires générales rassemblera des ministres spécialisés de chaque gouvernement et aura compétence sur tous les autres dossiers européens.

Enfin la Commission conserve son rôle de proposition, d'initiative. C'est une institution « de haut niveau » représentant « l'intérêt général européen ». Sa composition sera limitée à quinze membres. Son président sera élu par le Parlement européen sur propositions des chefs d'État, au vu des résultats des élections européennes.

L'ensemble de ces propositions « gomme » l'essentiel des errements du traité de Nice. Il constitue un « paquet » constitutionnel efficace et novateur susceptible de redonner à l'Union une visibilité que la complexité des procédures et le flou de certaines règles, notamment en matière de compétences, avaient occultée.

Il y aura désormais des compétences exclusives de l'Union où la loi européenne prime sur les lois nationales, par exemple la politique commerciale et l'union douanière, des compétences partagées comme la justice et la sécurité, l'énergie ou l'environnement, et les questions qui restent de la compétence des États et pour lesquelles les politiques européennes viennent « en appui, en complément » des politiques nationales. C'est le cas de l'industrie, de la santé, de la culture ou de l'éducation.

Dans ces nouveaux dispositifs, les dix adhérents à l'Union trouveront matière à mieux coopérer avec les autres membres, mais ils garderont leur souveraineté sur les questions les plus sensibles pour eux.

La nouvelle Constitution prévoit désormais des modalités de sortie de l'Union. Elles sont strictes et graves, mais nul ne pourra plus arguer de coopération forcée.

La nouvelle Constitution relance l'Union européenne en lui permettant de fonctionner plus efficacement et plus démocratiquement. Elle acquiert de ce fait un nouveau pouvoir d'attraction qui ne devrait pas décevoir ceux qui nous rejoignent mais redonner de vrais contenus à des politiques européennes plus que jamais nécessaires.

II

Photographie des nouveaux membres

Visiter les pays candidats à l'adhésion est, pourquoi le nier, un régal pour les yeux, pour l'esprit et pour le cœur.

Parce que ces pays veulent nous rejoindre le plus vite possible et sont prêts à tous les sacrifices pour effacer leur passé récent, si douloureux.

Parce qu'ils ont recouvré la liberté et qu'à ce titre ils en usent comme d'un bien précieux, ce que nous oublions la plupart du temps de faire.

Parce que cette Europe est aussi belle que la nôtre, que ses paysages sont variés et surprenants, que ses richesses humaines, historiques et artistiques sont immenses.

Cela qualifie-t-il pour autant ces pays à intégrer un espace économique commun, générateur pour eux de concurrence et de choc « culturel » ?

Au fil des rencontres et des visites, on découvre l'unité de l'Europe dans sa diversité régionale. La promenade vaut le détour !

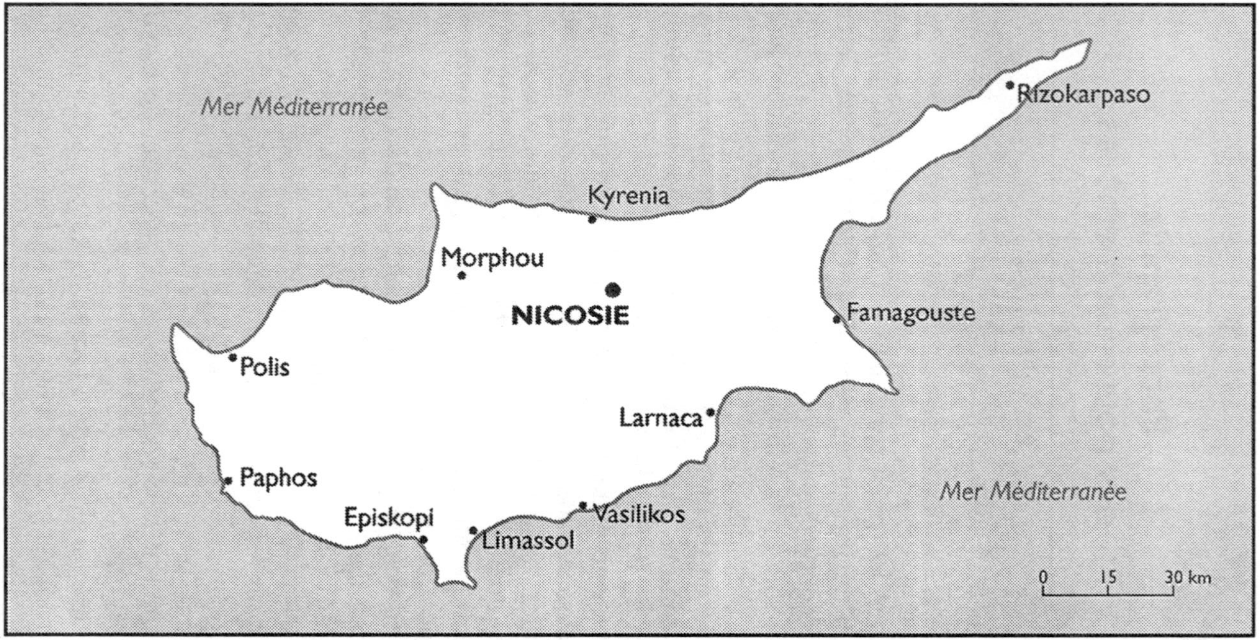
Mer Méditerranée
Rizokarpaso
Kyrenia
Morphou
NICOSIE
Famagouste
Polis
Larnaca
Paphos
Mer Méditerranée
Episkopi
Vasilikos
Limassol
0
15
30 km

Chypre

Chypre

Cette île européenne, mouillée au large du Moyen-Orient, est un atout pour l'Union. Sa culture marchande et son ouverture naturelle en font l'une des « pépites » de l'Europe en Méditerranée. Son entrée officielle en Europe n'est que la concrétisation juridique d'une situation économique déjà très liée au Marché commun.

Dans un monde globalisé, jeter l'ancre à Chypre est une heureuse perspective pour l'Union européenne.

L'intérêt de l'Europe devrait permettre la fin de la partition de l'île, conflit diplomatique archaïque et situation résiduelle absurde, dont ont tant souffert ses habitants.

Conquise par les Grecs et les Phéniciens, Chypre devient une province romaine en 58 avant J.-C., puis est intégrée dans l'Empire byzantin. Richard Cœur de Lion, puis les Lusignan en font une base d'attaque des croisés et le vaisseau avancé de la latinité en Orient après la chute de Saint-Jean-d'Acre en 1291. Ellc fut vénitienne et turque, avant de finir britannique. L'île de Chypre acquiert son indépendance en 1959 dans le cadre du Commonwealth. La République est proclamée en 1960 avec un président grec et un vice-président turc.

Un coup d'État favorable au rattachement de Chypre à la Grèce – l'*Enosis* – suscite, en 1974, de graves troubles et l'intervention de l'armée turque. C'est la partition de l'île.

Au sud, la zone grecque. Au nord, les Turcs qui s'autoproclament, en 1983, République turque de Chypre du Nord.

La communauté internationale s'épuisera à réconcilier deux communautés qui s'affrontent à tout propos. Une « zone tampon » est nécessaire pour éviter les attaques et les représailles. Les armements s'accumulent et les accrochages se multiplient. Haines et dialogue de sourds s'opposent aux plans de l'ONU qui proposent un État fédéral et bicommunautaire. La question est particulièrement sensible pour l'armée turque dont on connaît le poids et la rigidité politiques.

Aujourd'hui la tension semble s'apaiser et la raison retrouver quelques droits.

Kofi Annan, secrétaire général de l'ONU, a présenté le 11 novembre 2002 un plan de règlement de la question chypriote qui préconise un seul État souverain représentant Chypre au plan international, mais composé de deux entités indépendantes sur le modèle de la Suisse (cantons et État fédéral). Chacun aurait sa propre Constitution et serait obligé de conclure « des accords de coopération » avec l'autre partie.

Les premières déclarations du Premier ministre turc, Recep Tayyip Erdogan, ont marqué un assouplissement de la position turque sur la division de l'île. Comme les responsables gouvernementaux grecs, les vainqueurs des élections turques ont accueilli favorablement le plan de l'ONU pour la réunification. Celui-ci était astucieusement calqué sur l'agenda européen. Pourtant la solution politique se fait attendre. Les Turcs doivent la dénouer sous peine de ne voir entrer dans l'Europe que la partie grecque.

Pour l'Union toutefois, le règlement de la question chypriote n'est pas un préalable à l'adhésion de Chypre. Mais elle a tout fait pour qu'un accord intervienne avant la fin des négociations d'adhésion et n'a pas obtenu satisfaction. Elle n'abandonne pas.

Les Quinze se sont efforcés d'« adoucir » les efforts des deux parties en ouvrant leur porte-monnaie. 39 millions d'euro en 2004, 67 millions en 2005 et 100 millions d'euro en 2006 seront distribués pour relancer l'économie et secourir le Nord en difficulté.

À sa manière, l'Europe aura contribué plus efficacement qu'on ne le croit à la solution chypriote. En fermant les yeux très longtemps sur l'impasse diplomatique, en prévoyant l'adhésion d'un État divisé, en choisissant de relancer ainsi les initiatives de l'ONU, l'Union peut réussir la réconciliation. Les Chypriotes, en tout cas, sauront ce qu'ils lui doivent.

Dans les négociations d'adhésion, Chypre a été traitée comme une entité unique.

Leurs conclusions sont positives. L'économie chypriote est ouverte et dynamique ; elle commerce avec l'Union depuis longtemps. Le système judiciaire et la qualité de l'administration publique sont satisfaisants, les droits de l'homme y sont respectés. Chypre est prête.

Dans sa préparation à l'intégration de l'Union européenne, l'île d'Aphrodite devra encore résoudre quelques difficultés : le manque d'eau, la réforme du système juridique et fiscal qui lui permettait d'attirer des investissements offshore représentant 12 % du PIB et la fin du programme de privatisations qui attend toujours une majorité parlementaire.

Les Chypriotes se sentent européens et mobilisés pour l'adhésion. Après une période sombre, c'est la géographie, la modernité et la raison qui ont pris le dessus.

En 2001, 62 % des Chypriotes déclaraient avoir l'intention de voter en faveur de l'adhésion (25 % seulement voteraient contre). Mais il n'y aura pas de référendum sans réunification. L'échec du projet Annan, début 2003, fut une réelle déception pour tous ceux qui voyaient dans celui-ci une solution juste et efficace. L'ouverture des frontières de Chypre du Nord aux Chypriotes grecs, le 23 avril 2003, permit le retour d'un optimisme salutaire ; elle marquait ainsi la volonté des protagonistes de s'asseoir enfin à la table des négociations.

Pourtant, la partie turque est encore trop bloquée dans son attitude. Encore un effort !

Profil

- Superficie : 9 251 km^2 (dont 37,2 % pour la partie turque, 1,8 % pour la zone tampon et 3 % pour les deux bases souveraines britanniques).
- Côtes : 648 km.
- Capitale : Nicosie.
- Monnaie : la livre chypriote.
- Population : 800 000 habitants au 31 décembre 2001 (entre 20 et 25 % dans la partie nord, selon les sources).
- Composition : 85,1 % Chypriotes grecs, 11,7 % Chypriotes turcs et 3,2 % résidents étrangers.
- Confessions : les Chypriotes grecs sont à 95 % de confession orthodoxe et 5 % sont maronites ou catholiques romains. Les Chypriotes turcs sont musulmans.
- Croissance démographique (2000-2005) : 0,6 %.
- Espérance de vie (2000-2005) : hommes 76 ans et femmes 80 ans.

Données économiques (2002)[1]

- PIB : 10,8 milliards d'euro courants.
- Croissance du PIB : 2,0 % (4,1 % en 2001 et 5,1 % en 2000).
- PIB par habitant (en SPA[2] en euro) : 18 500 (80 % de la moyenne communautaire).
- Coût horaire en euro de la main-d'œuvre : 10,74 (2000).
- Chômage : 3,8 %.

---

1. Les données économiques ont été établies, pour chaque nouveau membre, à partir des sources Eurostat.
2. SPA : Standard de pouvoir d'achat. Le produit intérieur brut (PIB) calculé en SPA permet de comparer le PIB de plusieurs pays en fonction du niveau des prix à la consommation d'un panier de produits.

– Part de l'emploi agricole : 4,9 %.
– Part de l'emploi industriel : 24 %.
– Part de l'emploi dans les services : 71,1 %.
– Part de l'agriculture : 3,9 % du PIB.
– Part de l'industrie : 19,5 % du PIB.
– Part des services : 76,6 % du PIB.
– Inflation : 2,8 %.
– Déficit public : 3,5 % du PIB (2,7 % en 2000, 2,8 % en 2001).
– Dette publique : 58,6 % du PIB.
– Secteurs performants : services, finance, banque, tourisme.
– Investissements directs étrangers (IDE) : flux de 182 millions d'euro [1].
– Nombre de téléphones mobiles pour 100 habitants : 47 [1].
– Nombre d'utilisateurs d'Internet pour 100 habitants : 22 [1].

Relations commerciales avec l'Union européenne (2001)

– 49 % des exportations se font en direction de l'Union européenne.
– 55,5 % des importations proviennent de l'Union européenne.
– Solde commercial négatif en 2000 : – 2 971 millions d'euro.
– Principaux produits exportés : équipement et véhicules de transport routier, fruits et légumes.
– Relations commerciales avec la France : les exportations françaises vers Chypre ont connu une forte augmentation (40 % entre 1996 et 1999). Néanmoins, d'autres pays, tels que le Royaume-Uni, les États-Unis, l'Italie, la Grèce, l'Allemagne, le Liban, la Russie et les Émirats Arabes Unis, entretiennent avec Chypre des relations commercia-

1. Ces données correspondent à l'année 2001 pour l'ensemble des pays.

les bien plus intenses. Chypre est le 129e fournisseur et le 80e client de la France.

Système et situation politiques

Ces institutions politiques s'appliquent à la partie sud de l'île. La partie turque (nord), dirigée par Rauf Denktas, a mis en place ses propres institutions, non reconnues par la communauté internationale.

– République indépendante, régime présidentiel.
La Constitution a été adoptée le 16 août 1960, année de l'indépendance de l'île. Elle est toujours en vigueur, même si de nombreuses dispositions de cette Constitution, sur la répartition des places et des rôles entre les deux communautés, ne sont pas appliquées, une crise politique en 1963 ayant entraîné le retrait de la communauté chypriote turque des activités gouvernementales.
– Chef de l'État : M. Tassos Papadopoulos, élu le 16 février 2003 (il succède à Glafcos Clérides qui a assuré cette fonction pendant dix ans).
Le président est élu pour cinq ans au suffrage universel direct.
– Il n'y a pas de Premier ministre selon la Constitution chypriote.
– Pouvoir législatif monocaméral.
La Chambre des représentants comprend 80 sièges (56 pour les Chypriotes grecs et 24 pour les Chypriotes turcs qui sont vacants). Les députés sont élus pour cinq ans à la représentation proportionnelle.
Les dernières élections législatives du 27 mai 2001 ont fait basculer Chypre de droite à gauche, les communistes devenant la principale formation politique de l'île.

Composition du Parlement

- 20 sièges : AKEL (Parti progressiste des travailleurs, communiste).
- 19 sièges : DISY (Rassemblement démocratique, droite).
- 9 sièges : DIKO (Parti démocratique, centre-droit).
- 4 sièges : KISOS (Parti social-démocrate).
- 1 siège : NEO (Nouveaux Horizons, droite).
- 1 siège : EDI (Parti démocrate uni).
- 1 siège : ADIK (Mouvement démocratique, centre droit).
- 1 siège : Verts.

- Prochaines élections : présidentielle en 2008, législatives en mai 2006.

Organisation administrative

6 districts, 33 villes, 421 communes.

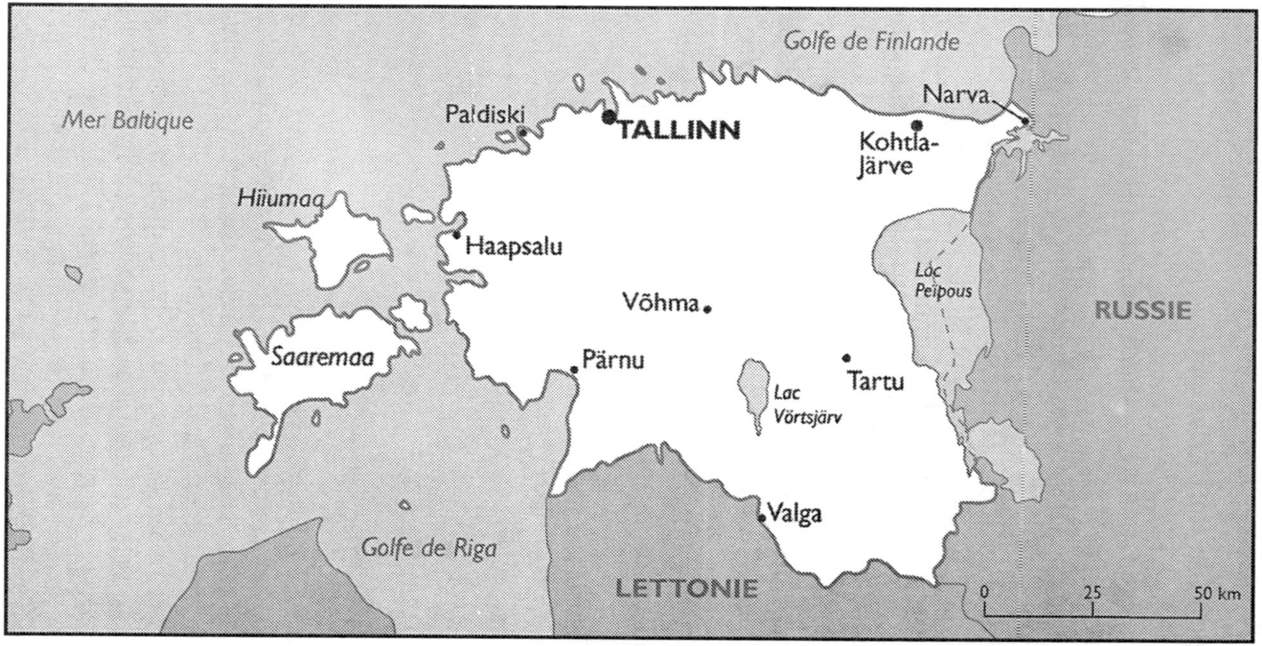
Golfe de Finlande
Mer Baltique
Paldiski
TALLINN
Narva
Kohtla-
Järve
Hiiumaa
Haapsalu
Võhma
Lac
Peipous
RUSSIE
Saaremaa
Pärnu
Tartu
Lac
Võrtsjärv
Valga
Golfe de Riga
LETTONIE
0
25
50 km

Estonie

L'Estonie

L'Estonie, c'est le nord de l'Europe. La Finlande et la Suède sont proches et on le sent comme une bouffée d'air glacé.

Bordant le golfe de Finlande, cette basse plaine truffée de marécages et de lacs est un petit cap, qui émerge sur la mer Baltique et se prolonge par plus de 1 500 îles auxquelles on accède, en hiver, par des autoroutes sur glace dont la solidité est vérifiée tout au long de la journée !

Au Ier siècle après J.-C., Tacite évoquait déjà les tribus estes qui organisaient une vie commune.

Elle leur permit de résister aux Danois qui finirent pourtant par conquérir leur territoire, pour en être rapidement chassés par les chevaliers Porte-Glaive. Ceux-ci, avec la Ligue hanséatique, donnèrent le ton dans la Baltique, qui devint, au XVe siècle, une région prospère de commerce et d'échanges.

Du XIIIe au XVIIe siècle, des villes libres, organisées démocratiquement, se sont alliées pour développer le commerce entre la Baltique et la mer du Nord. Ces comptoirs formèrent une puissante fédération politique, décentralisée, qui rayonnait de l'Angleterre à l'Allemagne.

La dissolution des ordres Teutoniques entraîna le passage de l'Estonie sous tutelle suédoise. Pierre le Grand l'occupa et l'acquit à la paix de Nystadt en 1721. En 1918, après leur avoir accordé une indépendance aussitôt reprise par les bolcheviques, Lénine cède à l'Allemagne les États baltes. L'armistice ouvre enfin la voie à une indépendance attendue.

Mais par le pacte germano-soviétique, les Russes reprennent possession des Pays baltes pour en être chassés dès 1941 par... l'Allemagne jusqu'en 1944, où... les Russes réoccupent et annexent les trois Républiques baltes.

Bien que cette occupation n'ait jamais été reconnue par la communauté internationale, il faut attendre quarante-sept ans et d'immenses souffrances pour que l'Estonie, avec ses sœurs baltes, retrouve son indépendance en 1991.

On serait marqué à moins !

On ne s'étonnera donc pas que les trois Pays baltes attachent tant d'importance à leur entrée dans l'OTAN. Ils souhaitent, à juste titre, que la boussole de l'histoire veuille bien s'arrêter quelque temps dans la paix et la tranquillité.

Si elle indique le nord, elle pousse, depuis toujours, l'Estonie vers l'Europe.

L'adhésion à l'Union, c'est le retour des périodes fastes où le commerce et les universités prestigieuses incitaient aux voyages, aux échanges et à l'aventure.

Avec la rapidité de leurs voisins, les Estoniens ont enfourché le cheval de l'économie numérique. Ils profitent à plein de leur savoir-faire industriel reconnu et efficace.

En réorientant habilement leur commerce soviétisé vers les économies ouvertes et libérales, ils en ont adopté les règles et les pratiques plus vite qu'à leur tour. Plus de 85 % du PIB est d'origine privée. L'acquis communautaire a été digéré rapidement et la réussite économique est au rendez-vous.

Il faut avoir parlé avec l'ancien président de la République (de 1992 à 2001), Lennart Meri, dans un français parfait et si cultivé, pour comprendre toute l'énergie qui habite les Estoniens, leur caractère déterminé et leur haut niveau de culture. L'école d'architecture moderne de Tallinn étonne à plus d'un titre, la musique estonienne parcourt le monde derrière Arvö Part.

Déjà, dans les années 1920, le mouvement littéraire Noor

Esti ne bruissait que d'Europe et proclamait : « Soyons des Estoniens, mais devenons aussi des Européens ! »

Oui, l'Estonie est européenne.

Avec ses voisins, l'Estonie jouera dans l'Union un rôle très constructif. Son ministre des Affaires étrangères, Toomas Hendrik Ilves, a ainsi donné à l'université Humboldt de Berlin, le 5 février 2001, une conférence sur le thème « Construire une nouvelle Europe » qu'on aurait aimé entendre prononcer par un ministre des Quinze ! L'Estonie a même accepté, en peu de temps, de tirer un trait rapide sur son passé et, pour se conformer aux règles démocratiques de l'Europe, de lancer un programme national « Intégration de la société estonienne 2000-2007 » qui permettra d'intégrer les 30 % de sa population que les Russes avaient « importés » sur son territoire. Les procédures de naturalisation ont été simplifiées, les conditions linguistiques requises pour se présenter aux élections ont été assouplies, des efforts financiers et culturels sont mis en œuvre pour assimiler la forte minorité russe. L'entrée de l'Estonie dans l'Union est une chance pour l'Europe parce qu'elle termine la continuité territoriale européenne vers la Finlande. Elle nous donne quelques frontières de plus avec la Russie et une présence dynamique au nord de la Baltique. Elle nous apporte la force et la richesse d'hommes et de femmes fiers et solides qui sont capables, désormais, de se passionner pour l'Europe. Brisons la glace !

Profil

- Superficie : 45 227 km^2.
- Frontières : 633 km (Lettonie 339 km, Russie 294 km).
- Côtes : 3 794 km (de nombreuses îles).
- Capitale : Tallinn.
- Monnaie : la couronne estonienne.
- Population : 1,4 million d'habitants au 31 décembre 2001.

- Composition : 68 % Estoniens, 26 % Russes, 2 % Ukrainiens, 1 % Biélorusses et 1 % Finlandais.
- Confessions : les Estoniens sont majoritairement de confession luthérienne ; des minorités orthodoxes (de rites grec ou russe), baptistes, méthodistes et catholiques.
- Croissance démographique (2000-2005) : – 1,1 %.
- Espérance de vie (2000-2005) : hommes 65 ans et femmes 76 ans.

Données économiques (2002)

- PIB : 6,8 milliards d'euro courants.
- Croissance du PIB : 5,8 % (6,9 % en 2000 ; 5,4 % en 2001).
- PIB par habitant (en SPA en euro) : 10 030 (41,8 % de la moyenne communautaire).
- Salaire mensuel brut moyen : 328 euro.
- Coût horaire en euro de la main-d'œuvre : 3,03 (2000).
- Chômage : 9,1 %.
- Part de l'emploi agricole : 7,1 %.
- Part de l'emploi industriel : 34,2 %.
- Part de l'emploi dans les services : 58,7 %.
- Part de l'agriculture : 5,8 % du PIB.
- Part de l'industrie : 28,7 % du PIB.
- Part des services : 65,5 % du PIB.
- Inflation : 3,6 %.
- Excédent public : 1,3 % du PIB (déficit de 0,4 % en 2000 ; 0,2 % en 2001).
- Dette publique : 5,8 % du PIB.
- Secteurs performants : électronique, technologies de l'information.
- Investissements directs étrangers (IDE) : stock de 2 843 millions d'euro (2 084 euro par habitant).
  L'Estonie a l'un des taux d'IDE les plus élevés parmi les

pays candidats. La Suède et la Finlande sont les principaux pays investisseurs.
- Nombre de téléphones mobiles pour 100 habitants : 54.
- Nombre d'utilisateurs d'Internet pour 100 habitants : 30.

Relations commerciales avec l'Union européenne (2001)

- 69,4 % des exportations se font en direction de l'Union européenne.
- 56,5 % des importations proviennent de l'Union européenne.
- Solde commercial négatif en 2000 comme en 2001 : – 1 108 millions d'euro.
- Principaux produits exportés : bois, textiles, industrie lourde et équipements électriques.
- Exportations françaises en Estonie : 125 millions d'euro (92 millions d'euro en 2000).
- Exportations estoniennes en France : 106 millions d'euro (86 millions d'euro en 2000).
- Les relations économiques et commerciales de la France avec l'Estonie se caractérisent par une progression régulière des échanges commerciaux (les exportations françaises ont quintuplé entre 1994 et 1999, puis ont reculé en 1999 pour connaître une forte augmentation en 2000 et 2001). Néanmoins la France n'est aujourd'hui que le 12e fournisseur et le 11e client de l'Estonie. Les investissements français en Estonie sont faibles (en 2001, 0,9 % des IDE proviennent de la France, soit 33 millions d'euro).

Système politique

- République, démocratie parlementaire.
  La Constitution actuelle a été adoptée le 28 juin 1992.
- Chef de l'État : Arnold Rüütel, élu le 21 septembre 2001.

Le président est élu pour cinq ans (renouvelable une fois) par un corps électoral rassemblant les 101 membres du Parlement et 273 représentants des conseils locaux. Ce corps électoral est formé uniquement si le président n'a pu être désigné lors de deux scrutins préliminaires auxquels participent les membres du Parlement, qui doivent élire un candidat à la majorité des deux tiers.

Ces dernières années, de nombreuses propositions ont été faites pour remplacer ce système complexe par le suffrage universel direct, sans avoir pour l'instant abouti à une réforme électorale. D'après les résultats d'un sondage effectué en 2001, 71 % des électeurs estoniens interrogés se déclaraient en faveur de l'élection directe du président.

– Premier ministre : Juhan Parts.
– Système parlementaire monocaméral.

Le Parlement (Riigikogu) comprend 101 sièges. Les députés sont élus pour quatre ans, au suffrage universel direct, à la représentation proportionnelle.

Les élections municipales se déroulent tous les trois ans. Tous les résidents permanents majeurs (dix-huit ans et plus) peuvent voter à ces élections, quelle que soit leur citoyenneté.

Les dernières élections parlementaires se sont déroulées le 2 mars 2003 et ont vu la victoire, à égalité, de deux formations politiquement rivales, le Parti du centre (25,4 % des voix) et Res Publica (24,6 %). La nouvelle coalition gouvernementale est composée par les partis Res Publica, ER et l'Union du peuple estonien.

Composition du Parlement

– 28 sièges : EK (Parti du centre).
– 28 sièges : Res Publica (Rassemblement pour la république).
– 19 sièges : ER (Parti de la réforme).

- 13 sièges : Union du peuple estonien.
- 7 sièges : Union pour la patrie.
- 6 sièges : RM (Parti populaire des modérés).

- Prochaines élections : présidentielle en 2006, législatives en 2007.

Organisation administrative

15 comtés (*maakonnad*), 42 villes et 207 communes.

SLOVAQUIE
UKRAINE
AUTRICHE
Miskolc
Nyíregyháza
Danube
Győr
BUDAPEST
Debrecen
Szombathely
Székesfehérvár
Dunaújváros
Balaton
Kecskemét
ROUMANIE
SLOVÉNIE
Danube
Szeged
CROATIE
Pécs
SERBIE
0
20
40 km

Hongrie

La Hongrie

La Hongrie, c'est le pays des *limes*, ces frontières de l'Empire romain, ce long mur qui courait dans les plaines et dont on peut voir encore les vestiges dans les faubourgs de Pest.

Cela lui valut une histoire tourmentée, toujours pressée par les invasions venues de l'est et du sud.

Des montagnes du nord qui dominent le lac Balaton, la plus grande réserve d'eau douce d'Europe centrale, jusqu'au Danube qui la baigne si paisiblement, la Hongrie est ouverte sur le monde, vers ses voisins, à tous les vents.

Ce furent d'abord les Ostrogoths, les Huns et les Avars qui s'en emparèrent jusqu'à l'arrivée des Magyars, une tribu finno-ougrienne qui sut, malgré quelques déboires, s'entendre avec le Saint Empire romain germanique sans en faire vraiment partie.

Étienne Ier fonda la dynastie des Arpád et fut le premier roi de Hongrie en l'an 1000. Il christianisa le pays.

La dynastie des Anjou y prit pied dès 1310 avec le couronnement de Charles Robert.

Puis ce furent les Ottomans de Soliman qui l'occupèrent en 1526 et mirent à sac Buda.

Les Habsbourg enfin la conquirent au nom de l'Église, jusqu'à ce que la Révolution française y diffuse ses idées et conduise à la Révolution hongroise de 1848.

En 1867, l'Autriche et la Hongrie devenaient les deux monarchies d'une même couronne, celle de François-Joseph. Le traité de Trianon, le 4 juin 1920, amputa la Hongrie des deux tiers de son territoire.

L'engagement du Régent Horthy aux côtés des puissances de l'Axe permit, après la Deuxième Guerre mondiale, aux Soviétiques d'imposer un gouvernement communiste qui, malgré la révolte de 1956, écrasée dans le sang par l'Armée Rouge, survivra jusqu'en 1989.

Les Hongrois sont entreprenants, commerçants et sensibles aux évolutions du monde.

Dès 1968, les premières réformes introduisent timidement les lois du marché. Les changements s'accélèrent. La Hongrie adhère, la première, parmi les pays d'Europe centrale, au Fonds monétaire international (FMI) en 1982 et son économie s'internationalise peu à peu.

La liberté revenue, elle n'a pas de difficulté à s'insérer dans la nouvelle Europe, qu'elle a contribué à dessiner en ouvrant ses frontières aux Allemands de l'Est qui convergeaient vers elle, en 1989, pour contourner le Mur de Berlin.

Riche de ses céréales et de ses vins, la Hongrie est aussi un pays qui a restructuré une industrie lourde qui compte. Son économie, privatisée à 75 % et forte d'un secteur tertiaire qui emploie la moitié de la population, progresse de plus de 4 % par an depuis 1997.

Elle a su réformer son administration et sa justice, même si de nombreux progrès restent à faire dans la lutte contre la corruption qui s'est infiltrée par les portes largement ouvertes aux capitaux étrangers.

Sa classe politique a, depuis longtemps, soutenu l'adhésion à l'Union européenne, comme l'intégration à l'OTAN en 1999. Son opinion publique y est largement favorable. Elle l'a prouvé avec 83,7 % de oui lors du référendum du 12 avril 2003.

S'il est un pays qui semble naturellement entrer dans l'Europe à vingt-cinq, c'est bien la Hongrie.

On sait que Franz Liszt et Béla Bartók ont beaucoup fait pour sa renommée dans le monde. On connaît aussi la cour des princes Esterházy, à Eisenstadt, qui, aux XVIIe et XVIIIe siècles, attirait de prestigieux artistes de toute l'Europe, comme Joseph Haydn.

On ignore souvent l'importante contribution de la Hongrie à la Renaissance et son engouement pour le siècle des Lumières. On s'étonne également de sa langue unique, de racine finno-ougrienne, venue de derrière l'Oural, qui déconcerte si facilement le voyageur inexpérimenté.

Depuis toujours européenne, la Hongrie retrouve, en Europe, la place qu'elle n'aurait jamais dû quitter.

Profil

- Superficie : 93 032 km^2.
- Frontières : 2 239 km (Autriche 356 km, Croatie 329 km, Roumanie 432 km, Serbie et Monténégro 151 km, Slovaquie 654 km, Slovénie 102 km, Ukraine 215 km).
- Capitale : Budapest.
- Monnaie : le forint.
- Population : 10 millions d'habitants au 31 décembre 2001.
- Composition : 97,6 % Hongrois, 1,4 % Tsiganes, 0,3 % Allemands, 0,3 % Serbes, 0,1 % Slovaques, 0,1 % Roumains, et 0,2 % autres.
- Confessions : 65 % catholiques, 20 % de l'Église réformée, 4 % luthériens, 2,7 % orthodoxes, 1 % juifs.
- Croissance démographique (2000-2005) : – 0,5 %.
- Espérance de vie (2000-2005) : hommes 67 ans et femmes 76 ans.

Données économiques (2002)

- PIB : 69,9 milliards d'euro courants.
- Croissance du PIB : 3,3 % (5,2 % en 2000, 3,7 % en 2001).

- PIB par habitant (en SPA en euro) : 13 720 (57,2 % de la moyenne communautaire).
- Salaire mensuel brut moyen : 504 euro.
- Coût horaire en euro de la main-d'œuvre : 3,83 (2000).
- Chômage : 5,6 %.
- Part de l'emploi agricole : 6,1 %.
- Part de l'emploi industriel : 34,5 %.
- Part de l'emploi dans les services : 59,4 %.
- Part de l'agriculture : 4,3 % du PIB.
- Part de l'industrie : 32 % du PIB.
- Part des services : 63,7 % du PIB.
- Inflation : 5,2 %.
- Déficit public : 9,4 % du PIB (3 % en 2000 ; 4,7 % en 2001).
- Dette publique : 56,3 % du PIB.
- Secteurs performants : électronique, pharmacie, automobile et industrie agro-alimentaire.
- Investissements directs étrangers (IDE) : stock en 2000 de 17 946 millions d'euro (1 790 euro par habitant).
  La Hongrie a reçu, depuis dix ans, 42 % des IDE à destination des pays d'Europe centrale et orientale (elle est le principal récipiendaire des investissements de l'Union européenne). L'IDE par habitant est le plus élevé de tous les pays candidats.
- Nombre de téléphones mobiles pour 100 habitants : 49.
- Nombre d'utilisateurs d'Internet pour 100 habitants : 15.

Relations commerciales avec l'Union européenne (2001)

- 74,3 % des exportations se font en direction de l'Union européenne.
- 57,8 % des importations proviennent de l'Union européenne.
  Reflet de l'évolution industrielle hongroise, les produits

exportés et importés incorporent de plus en plus de valeur ajoutée.

- Solde commercial négatif en 2000 comme en 2001 : – 3 554 millions d'euro.
- Principaux produits exportés : appareils électroniques et de télécommunication.

  Depuis 1989, la libéralisation du commerce extérieur hongrois a permis une progression de 50 % des exportations et un triplement des importations.
- Relations commerciales avec la France : la France se situe au 5e rang des partenaires commerciaux de la Hongrie. La dynamique des échanges commerciaux entre les deux pays s'est accélérée depuis 1997 (1,5 milliard d'euro en 1997, 2,4 milliards d'euro en 1999).

Système politique

- République, démocratie parlementaire.

  La Constitution actuelle a été adoptée le 20 août 1949 et révisée en 1989.
- Chef de l'État : Ferenc Madl, élu le 4 août 2000.

  Le président est élu par le Parlement à bulletins secrets pour cinq ans (mandat renouvelable une fois).
- Premier ministre : Peter Medgyessy (depuis le 27 mai 2002).
- Système parlementaire monocaméral.

  L'Assemblée nationale (Orszaggyules) comprend 386 sièges. Les députés sont élus pour quatre ans au suffrage universel direct ; le mode de scrutin est mixte avec un scrutin uninominal à deux tours et un scrutin proportionnel : ainsi 176 députés sont issus de circonscriptions individuelles et 210 des listes départementales et nationales. Le seuil de représentation au Parlement est fixé à 5 %.

  Les dernières élections parlementaires se sont déroulées en

avril 2002. La coalition gouvernementale est composée du MSZP et du SZDSZ.
Les élections municipales d'octobre 2002 ont consolidé la position du gouvernement (les deux partis de la coalition et leurs alliés politiques ont remporté 45,6 % des votes dans les 19 comtés et 58,8 % à Budapest) tout en révélant la faiblesse de l'opposition de droite.

Composition du Parlement

- 178 sièges : MSZP (Parti socialiste).
- 164 sièges : FIDESZ (Alliance des jeunes démocrates).
- 24 sièges : MDF (Forum démocratique).
- 20 sièges : SZDSZ (Alliance des démocrates libres).

- Prochaines élections : présidentielle en 2005, législatives en 2006.

Organisation administrative

7 régions de développement structurel, 19 départements et Budapest, 3 131 communes.

La Lettonie

Au débouché des plaines biélorusses, sur la Baltique, on rencontre la Lettonie, ses ports et son commerce ouverts sur l'Ouest.

Il n'est donc pas étonnant que son histoire soit marquée par les occupations et les invasions de ses puissants voisins.

Au début du XIIIe siècle, les chevaliers Teutoniques et les chevaliers Porte-Glaive fusionnent et fondent la Livonie, dont fait partie la Lettonie.

Créé en 1191 par des bourgeois de Brême et de Lübeck pendant le siège d'Acre, lors de la troisième croisade, l'ordre des chevaliers Teutoniques de l'Hôpital Sainte-Marie-de-Jérusalem se transforme en ordre militaire reconnu par le pape, en 1199, qui leur donne en fief la région baltique qui s'étend du golfe de Finlande à la Pologne. Les chevaliers sont célèbres pour leurs capes blanches ornées d'une croix rouge et le film d'Eisenstein qui romance leur défaite face aux troupes russes sur le lac Tchoudsk. La dissolution de l'ordre fut deux fois proclamée, y compris par Napoléon en 1809, mais il existe toujours, sous la forme d'un ordre de charité, refondé à Vienne en 1929 et demeure actif en Autriche, en Italie et en Allemagne. Redoutables guerriers au service de la christianisation et de la culture allemande, ce sont eux qui fondent la légende militariste prussienne qui donnera lieu, plus tard, à tant d'excès.

L'ordre livonien dissous en 1561, c'est la Pologne qui règne, créant le duché de Courlande. La Courlande évoque,

Lac
Pskov
ESTONIE
Golfe de
Riga
Valmiera
Ventspils
Alūksne
Mer
Baltique
RUSSIE
RIGA
Jūrmala
Skrunda
Jelgava
Liepaja
Jēkabpils
Rezekne
Daugavpils
LITUANIE
0 25 50 km
BIÉLORUSSIE

Lettonie

pour les Français, le romantisme de la cour à la fin de la monarchie. C'est en Courlande en effet, à Mitau, aujourd'hui Jelgava, que Louis XVIII est accueilli par le tsar de Russie jusqu'à ce que celui-ci signe la paix avec Napoléon en 1807 et le contraigne ainsi à gagner l'Angleterre où il restera jusqu'en 1814.

La Lettonie, c'est d'abord une voie de transit entre l'Europe et la Russie.

Elle bénéficie à plein de cette position lorsque ses trois ports, Riga, Ventspils et Liepaja, libres des glaces toute l'année, jouent le rôle de « poumons nordiques » de la Russie.

Mais elle en pâtit aussi, considérablement, plus encore que ses autres sœurs baltes, lorsque s'affrontent, pour son contrôle, l'Allemagne et la Russie.

Elle est passée successivement, comme les deux autres Républiques voisines, entre les mains de ses oppresseurs et a vécu les purges, les rafles et les occupations, portées jusqu'au degré ultime de l'horreur et de l'absurde.

Ne disposant que de peu de ressources naturelles, à l'exception du bois, sa vocation est commerciale et maritime.

Pendant l'entre-deux-guerres, la Lettonie indépendante connaît une forte croissance économique qui lui vaut une élévation de son niveau de vie.

Mais abandonnée aux Soviétiques par le pacte Molotov-Ribbentrop de 1939, reconquise par l'Allemagne nazie, puis occupée de nouveau par les Soviétiques, elle devra attendre 1990 pour retrouver son indépendance.

Dès 1989, de violents conflits opposent les partisans de l'indépendance et les communistes lettons soutenus par les forces soviétiques. En 1991, 73 % de la population se prononce par référendum en faveur de l'indépendance qui est aussitôt proclamée. Les forces armées russes se retirent définitivement du pays en 1994. Les Lettons les auront vaincues en chantant. Ils se rassemblaient pour entonner ensemble les plus connus de leurs *daïnas*, ces chants populaires issus d'une poésie ancestrale, dont le nombre officiel est supérieur à 900 000 !

L'aspiration à la liberté s'est appuyée sur le sentiment national, puisé à la source des anciennes légendes du pays si bien remises au goût du jour par le « Goethe letton », J. Maïnis, le plus célèbre écrivain du réveil national (1865-1929).

Le visage de la Lettonie a beaucoup changé car les Soviétiques y ont implanté de nombreux Russes qui forment encore 30 % de la population.

La question de la minorité russophone est politiquement très sensible puisqu'il s'agit d'accorder la citoyenneté à 500 000 personnes qui ont organisé l'occupation étrangère ! Depuis 1998, l'accès à la citoyenneté lettone a été facilité par la simplification des procédures de naturalisation ainsi que des conditions d'usage du letton ; 8 000 russophones sont ainsi intégrés chaque année et un programme gouvernemental prévoit des mesures en faveur des minorités.

La Lettonie est un pays étonnant, qui sera bien précieux pour l'Union européenne, par son expérience et sa vitalité. La moyenne d'âge de son actuel gouvernement est ainsi de trente-neuf ans ! La croissance de son PIB est désormais de 7 % annuels environ.

Sa présidente francophone donne une image parfaite de la qualité exceptionnelle des femmes et des hommes de ce pays. Elle a fermement tenu la barre vers l'adhésion qui a été ratifiée le 20 septembre 2003 par référendum (67 % de oui ; 72,5 % de votants). Mais l'on comprendra aussi que l'adhésion à l'OTAN est la première garantie de la sécurité du pays.

Profil

- Superficie : 64 589 km^2.
- Frontières : 1 150 km (Biélorussie 141 km, Estonie 339 km, Lituanie 453 km, Russie 217 km).
- Côtes : 531 km.

- Capitale : Riga.
- Monnaie : le lats.
- Population : 2,4 millions d'habitants au 31 décembre 2001.
- Composition : 57,7 % Lettons, 29,6 % Russes, 4,1 % Biélorusses et 2,7 % Ukrainiens, 1,4 % Lituaniens, 0,3 % Tsiganes, 0,1 % Allemands, 0,1 % Estoniens (44 % de la population est russophone et 21 % sont non citoyens lettons).
- Confessions : 25 % luthériens, 25 % catholiques, 15 % orthodoxes, 0,4 % juifs.
- Croissance démographique (2000-2005) : – 0,6 %.
- Espérance de vie (2000-2005) : hommes 65 ans et femmes 76 ans.

Données économiques (2002)

- PIB : 8,9 milliards d'euro courants.
- Croissance du PIB : 6,1 % (6,8 % en 2000 ; 7,9 % en 2001).
- PIB par habitant (en SPA en euro) : 8 700 (36,3 % de la moyenne communautaire).
- Salaire mensuel brut moyen : 280 euro en 2001.
- Coût horaire en euro de la main-d'œuvre : 2,42 (2000).
- Chômage : 12,8 %.
- Part de l'emploi agricole : 15,1 %.
- Part de l'emploi industriel : 25,3 %.
- Part de l'emploi dans les services : 59,6 %.
- Part de l'agriculture : 4,7 % du PIB.
- Part de l'industrie : 24,9 % du PIB.
- Part des services : 70,4 % du PIB.
- Inflation : 2,0 %.
- Déficit public : 3,0 % du PIB (2,7 % en 2000 ; 1,6 % en 2001).
- Dette publique : 15,2 % du PIB.
- Secteur performant : chimie.

- Investissements directs étrangers (IDE) : stock de 2 284 millions d'euro (970 euro par habitant).
- Nombre de téléphones mobiles pour 100 habitants : 27.
- Nombre d'utilisateurs d'Internet pour 100 habitants : 7.

Relations commerciales avec l'Union européenne (2001)

- 61,2 % des exportations se font en direction de l'Union européenne.
- 52,6 % des importations proviennent de l'Union européenne.
- Solde commercial négatif en 2000 comme en 2001 : – 1 059 millions d'euro.
- Principaux secteurs économiques : électronique, ingénierie mécanique, industries chimique et pharmaceutique, industrie du bois, textiles et technologie de l'information.
- Relations commerciales avec la France : bien qu'en progression les échanges commerciaux entre la France et la Lettonie restent modestes (la France demeure un partenaire secondaire de la Lettonie, au 12e rang de ses fournisseurs, avec une part de marché de 3 %).

Système politique

- République, démocratie parlementaire.
  La Constitution actuelle a été adoptée le 21 août 1991.
- Chef de l'État : Vaira Vike-Freiberga, élue le 17 juin 1999, réélue le 20 juin 2003.
  Le président est élu par le Parlement pour quatre ans (mandat renouvelable une fois).
- Premier ministre : Einars Repse.
- Système parlementaire monocaméral.
  Le Parlement (Saeima) comprend 100 sièges ; les députés sont élus pour quatre ans au suffrage universel direct, à la

représentation proportionnelle ; seuil de 5 % des suffrages pour qu'une formation politique soit représentée au Parlement.
Les dernières élections parlementaires se sont déroulées le 5 octobre 2002. La coalition gouvernementale est formée des partis Nouvelle Ère, Premier de Lettonie, ZSS et TB / LNNK.

Composition du Parlement

- 26 sièges : Nouvelle Ère (centre-droit).
- 24 sièges : FHRUL (Parti russophone pour les droits de l'homme dans une Lettonie unie).
- 21 sièges : TP (Parti du peuple).
- 12 sièges : ZSS (Union des fermiers et des verts).
- 10 sièges : Premier de Lettonie (groupe centriste surnommé « parti du clergé »).
- 7 sièges : TB / LNNK (Union pour la patrie et la liberté).

- Des élections municipales ont eu lieu en 2001. Le maire de Riga est le social-démocrate Dainis Ivans (ancien leader du Front populaire letton avant 1991).
- Prochaines élections : présidentielle en 2007, législatives en 2006.

Organisation administrative

26 régions, 492 villes.

LETTONIE
Šiauliai
Klaipéda
Panevéžys
Mer Baltique
Utena
Tauragé
Kaunas
RUSSIE
VILNIUS
Marijampolé
0 30 60 km
POLOGNE
BIÉLORUSSIE

Lituanie

La Lituanie

Pressés au nord par les Scandinaves, à l'est par les Russes et à l'ouest par la Prusse, les Lituaniens ont toujours lutté pour défendre leur identité.

Ils se fédèrent, en 1251, autour de Mindaugas, premier souverain de Lituanie. Avec le grand-duc Gédymin, véritable fondateur de l'État, et son successeur Olgierd, le royaume s'étendra jusqu'à la mer Noire, en 1377.

Du XIVe au XVIIIe siècle, la Pologne et la Lituanie lient leur destin à l'occasion du mariage, en 1386, du grand-duc Jagellon et de la reine Hedwige de Pologne. L'Union de Lublin, en 1569, consacre l'intégration à la Pologne.

Elle n'empêchera pas, au XVIIIe siècle, le partage entre les Russes et les Prussiens qui préfigure un XXe siècle particulièrement douloureux.

Le territoire et le port de Memel (Klaipéda) sur la mer Baltique, retirés aux Allemands en 1919, furent placés sous administration française par la Société des Nations de 1923 à 1926 avant d'être lituaniens. Occupée par l'Allemagne, la Lituanie est reconnue indépendante par le traité de Versailles en 1919.

Donnée aux Soviétiques par le pacte signé avec le IIIe Reich en 1939, la Lituanie subit un sort particulièrement cruel. La Résistance s'organisa d'abord contre les communistes russes, puis, à partir de 1941, contre les nazis qui pillèrent le pays et exterminèrent massivement les juifs de Vilnius, longtemps appelée la « Jérusalem du Nord ». Les déportations successives dont les pires furent le fait des Soviétiques, envoyèrent plus de 500 000 Lituaniens en Sibérie.

C'est la raison pour laquelle la Lituanie fut la première à ébranler l'Union soviétique dès les années quatre-vingt.

Le mouvement Sayudis, fondé par le musicien Vytautas Landsbergis en 1988, poursuivit une lutte courageuse pendant trois ans, au prix d'affrontements et de troubles sanglants, jusqu'à obtenir l'indépendance en 1991. Il s'ensuivit de graves difficultés économiques dues au redéploiement nécessaire des liens avec les anciennes Républiques soviétiques.

On connaît l'art lituanien à travers l'écrivain Oscar Milosz, qui devint français en 1931 et écrivit dans notre langue. Pétri de culture française, il publia de nombreux poèmes et des romans historiques avant de se consacrer à des recherches ésotériques qui transformèrent son œuvre en un lyrisme mystique.

Son neveu, Czeslaw Milosz, décrocha le prix Nobel de littérature en 1980. Résistant puis diplomate entre 1945 et 1950, il obtint l'asile politique en France en 1951 avant d'émigrer aux États-Unis où il prit la nationalité américaine en 1961. Il est aujourd'hui professeur de littérature slave à l'université californienne de Berkeley. Sa *Pensée captive*, qui dénonce la passivité de l'intelligentsia polonaise envers le stalinisme et ses romans, largement autobiographiques, témoignent de l'histoire de la Pologne aux lendemains de la Seconde Guerre mondiale.

Pays le plus peuplé des trois Républiques baltes, la Lituanie ne connaît pas de problème de minorités. Fortement agricole, elle dispose d'une industrie qui a dû se reconvertir rapidement. La crise économique fut terrible et l'on estime qu'entre 1991 et 1995 elle dut affronter une baisse de son PIB de plus de 50 %.

Aujourd'hui, l'économie a repris son souffle et croît de 6 % chaque année. La Lituanie exploite une centrale nucléaire de type Tchernobyl, à Ignalina, dont l'Europe souhaite l'arrêt entre 2005 et 2009, mais qui produit plus de la moitié du courant électrique du pays.

Par ailleurs, elle doit s'accommoder, comme la Pologne, de la présence à ses frontières de l'enclave russe de Kaliningrad, l'ancienne Königsberg allemande conquise pendant la guerre.

La ville natale du philosophe Emmanuel Kant, qui enseigna dans sa prestigieuse université fondée en 1544, vit le couronnement de Frédéric Ier de Prusse et fut le siège de l'ordre des chevaliers Teutoniques. Désormais centre de pêche disposant de conserveries et de quelques industries mécaniques, elle est aussi une base navale russe qui a longtemps empoisonné les rapports entre l'Europe et la Russie. Un compromis laborieux a finalement été conclu en novembre 2002, grâce à la souplesse de la diplomatie lituanienne, pour permettre le transit des citoyens russes jusqu'à Kaliningrad. Ceux-ci devront, néanmoins, être porteurs d'un visa.

La Lituanie a produit d'énormes efforts pour rejoindre l'Union. Elle se sent européenne et veut qu'on le reconnaisse. Son adhésion est le résultat d'une politique extérieure résolument tournée vers la Communauté et d'une restructuration brutale de son économie, soutenues par toutes les formations politiques et appuyées par l'opinion.

Le soutien populaire au projet européen fut sans faille. Les 10 et 11 mai derniers, les électeurs lituaniens votèrent à 90 % en faveur de l'adhésion, avec un taux de participation de 65 %.

L'adhésion de la Lituanie est essentielle au développement de la région. C'est une bonne nouvelle, porteuse d'espoirs. Les eaux de la Neris et du Niemen vont de nouveau couler en Europe. C'est un juste retour du sort.

Profil

- Superficie : 65 300 km^2.
- Frontières : 1 747 km (Biélorussie 724 km, Lettonie 610 km, Pologne 110 km, Kaliningrad 303 km).
- Côtes : 99 km.
- Capitale : Vilnius.
- Monnaie : le litas.
- Population : 3,7 millions d'habitants au 31 décembre 2001.
- Composition : 82 % Lituaniens, 7 % Russes, 7 % Polonais, 1,6 % Biélorusses.
- Confession : les Lituaniens sont majoritairement de confession catholique romaine.
- Croissance démographique (2000-2005) : – 0,2 %.
- Espérance de vie (2000-2005) : hommes 67 ans et femmes 77 ans.

Données économiques (2002)

- PIB : 14,6 milliards d'euro courants.
- Croissance du PIB : 6,7 % (3,9 % en 2000 ; 6,5 % en 2001).
- PIB par habitant (en SPA en euro) : 9 850 (41,1 % de la moyenne communautaire).
- Salaire mensuel brut moyen : 300 euro (en 2001).
- Coût horaire en euro de la main-d'œuvre : 2,71 (2000).
- Chômage : 13,1 %.
- Part de l'emploi agricole : 16,5 %.
- Part de l'emploi industriel : 27,2 %.
- Part de l'emploi dans les services : 56,3 %.
- Part de l'agriculture : 7,1 % du PIB.
- Part de l'industrie : 33,9 % du PIB.
- Part des services : 59 % du PIB.
- Inflation : 0,4 %.

- Déficit public : 2,0 % du PIB (2,7 % en 2000 ; 2,2 % en 2001).
- Dette publique : 22,7 % du PIB.
- Secteurs performants : agriculture, industrie agro-alimentaire, bois.
- Investissements directs étrangers (IDE) : stock de 2 508 millions d'euro (720 euro par habitant).
- Nombre de téléphones mobiles pour 100 habitants : 29.
- Nombre d'utilisateurs d'Internet pour 100 habitants : 7.

Relations commerciales avec l'Union européenne (2001)

- 47,8 % des exportations se font en direction de l'Union européenne.
- 44 % des importations proviennent de l'Union européenne.
- Solde commercial négatif en 2000 comme en 2001 : – 1 305 millions d'euro.
- Principaux produits exportés : textile, pétrole et produits dérivés.
- Relations commerciales avec la France : après trois années de forte croissance, la progression de nos échanges commerciaux a été ralentie en 1999 par la mauvaise conjoncture économique, mais a connu un fort rattrapage au premier semestre 2000 (part de marché de 4,6 %, plaçant la France loin derrière la Russie et l'Allemagne, mais devant les pays nordiques, partenaires traditionnels de la Lituanie). La France est devenue le 5e fournisseur (avec une part de marché très relative de 3,9 %) et le 9e client de la Lituanie.

Système politique

- République, démocratie parlementaire.
  La Constitution actuelle a été adoptée le 25 octobre 1992.

– Chef de l'État : Rolandas Paksas, élu le 5 janvier 2003. Le président est élu pour cinq ans au suffrage universel direct (deux mandats consécutifs au maximum).
– Premier ministre : Algirdas Brazauskas.
– Système parlementaire monocaméral. Le Parlement (Seimas) comprend 141 sièges ; les députés sont élus pour quatre ans ; le système est mixte : 71 députés élus par un scrutin majoritaire uninominal et 70 élus à la représentation proportionnelle. Les dernières élections parlementaires se sont déroulées en octobre 2000 et ont fait basculer la Lituanie à gauche. La coalition gouvernementale, dirigée par le Premier ministre Rolandas Paksas de l'Union libérale, éclate en juin 2001 et est remplacée par une coalition du Parti social-démocrate (dont M. Brazauskas est le leader), de l'Union nouvelle, du Parti de la nouvelle démocratie et du Parti des paysans.

Composition du Parlement

– 51 sièges : LSDP (Alliance social-démocrate, composée du Parti démocratique du travail, du Parti social-démocrate, du Parti de la nouvelle démocratie et de l'Union des Russes de Lituanie).
– 34 sièges : LLS (Union libérale).
– 29 sièges : NS / SL (Nouvelle union, sociaux-libéraux).
– 9 sièges : TS / LK (Union de la patrie, conservateurs).
– 4 sièges : LVP (Union paysanne).
– 2 sièges : LLRA (Action électorale polonaise).
– 2 sièges : LCS (Union du centre).
– 2 sièges : LKDP (Parti démocrate-chrétien).
– 1 siège : Union de la liberté.
– 1 siège : Conservateurs modérés.
– 1 siège : KDS (Union démocrate-chrétienne).
– 1 siège : Union démocrate-chrétienne moderne.

- 1 siège : Jeune Lituanie.
- 3 sièges : autres.

- En juin 2000, les élections municipales ont largement été remportées par les partis de la gauche populiste.
- Prochaines élections : présidentielle en 2008, législatives en 2004.

Organisation administrative

10 départements et 11 villes.

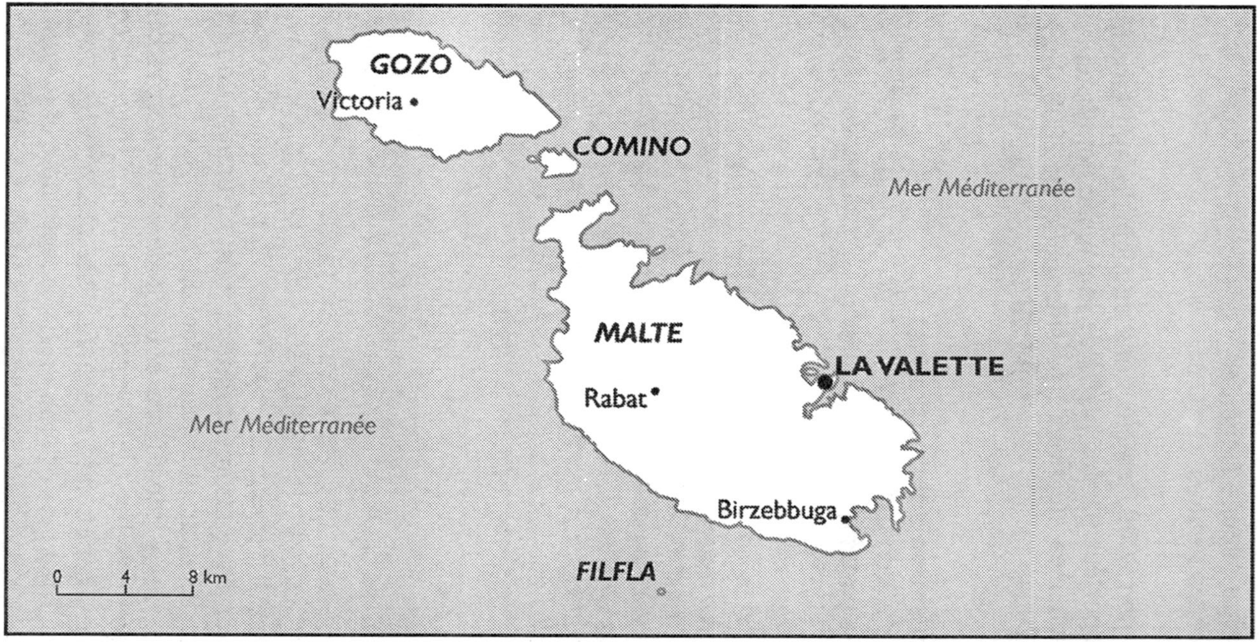
GOZO
Victoria
COMINO
Mer Méditerranée
MALTE
LA VALETTE
Rabat
Mer Méditerranée
Birzebbuga
FILFLA
0
4
8 km

Malte

Malte

À 90 kilomètres au sud des côtes de la Sicile, à 300 à l'est de la Tunisie, à 350 au nord de la Libye et à 600 de la Grèce, Malte est un vaisseau posté aux carrefours de la Méditerranée.

La petite île stratégique, en fait quatre îles, que les Anglais ravirent à Napoléon en 1800 et qu'ils conservèrent jusqu'en 1964 en vertu du traité de Paris de 1814, a vu passer tout ce que la *mare nostrum* a pu compter de colonisateurs, conquérants et combattants.

Les Phéniciens, les Grecs, les Romains, les Carthaginois, les Arabes y prirent pied tour à tour.

Saint Paul la christianisa.

En 1530, Charles Quint l'offrit aux chevaliers de Malte qui venaient d'être vaincus à Rhodes.

Ils résistèrent aux assauts ottomans et les Turcs ne réussirent pas à l'envahir en 1565.

Il est vrai que les fortifications de Jean Parisot de La Valette étaient exceptionnelles. Elles sont toujours debout et arborent fièrement leur couleur blanche au confluent des zones de navigation, comme un poste frontière entre l'est et l'ouest des eaux méditerranéennes.

Longtemps considérée comme une plate-forme offshore, avec son pavillon de complaisance et ses banques compréhensives, bénéficiant d'une fiscalité et d'une législation très légères, Malte est devenu un État respectable et démocratique avec une véritable alternance politique.

La volonté de se rapprocher de l'Europe et la nécessité de policer sa réglementation pour le développement des échanges l'ont conduit peu à peu à adopter les normes occidentales de l'OCDE et de la Communauté.

S'il reste des progrès à faire, beaucoup ont d'ores et déjà été entrepris par le Parlement sous forme de lois destinées à mieux contrôler les flux financiers, lutter contre le blanchiment et adhérer aux principales conventions internationales organisant le combat contre les trafics de toute nature.

À Malte, la question européenne est un enjeu de politique intérieure.

Les travaillistes sont opposés à l'adhésion. Ils ont longtemps tenu le pouvoir avec Dominic (Dom) Mintoff, chantre haut en couleur du non-alignement et du neutralisme.

Le Premier ministre actuel, Eddie Adami, porté par les dernières élections législatives qui firent figure de vote référendaire sur l'adhésion à l'Union européenne, joue résolument la carte européenne. Il a gagné le référendum sur l'entrée de son pays en mars 2003, et les élections législatives qui ont suivi. Les habitants insulaires de Malte sont attirés par le grand ensemble économique européen dont ils représentent l'avant-garde géographique et maritime entre l'Italie extrême et les côtes africaines.

Profil

- Superficie : 316 km^2.
- Côtes : 137 km.
- Capitale : La Valette.
- Monnaie : la livre maltaise.
- Population : 400 000 habitants au 31 décembre 2001.
- Composition : homogène. Les étrangers constituent environ 1 % de la population.
- Croissance démographique (2000-2005) : 0,3 %.

- Espérance de vie (2000-2005) : hommes 75 ans et femmes 81 ans.

Données économiques (2002)

- PIB : 4,1 milliards d'euro courants.
- Croissance du PIB : 3,0 % (5,1 % en 2000 ; – 0,8 % en 2001).
- PIB par habitant (en SPA en euro) : 12 700 (54 % de la moyenne communautaire).
- Chômage : 7,4 %.
- Part de l'emploi agricole : 2,2 %.
- Part de l'emploi industriel : 31,8 %.
- Part de l'emploi dans les services : 66 %.
- Part de l'agriculture : 2,4 % du PIB.
- Part de l'industrie : 27,3 % du PIB.
- Part des services : 70,4 % du PIB.
- Inflation : 2,5 % en 2001.
- Déficit public : 6,2 % du PIB (7 % en 2000 et 2001).
- Dette publique : 66,4 % du PIB.
- Secteurs performants : services, finance, banque, tourisme, transport maritime, électronique.
- Investissements directs étrangers (IDE) : flux de 327 millions d'euro.
- Nombre de téléphones mobiles pour 100 habitants : 60.
- Nombre d'utilisateurs d'Internet pour 100 habitants : 25.

Relations commerciales avec l'Union européenne (2001)

- 41,3 % des exportations se font en direction de l'Union européenne.
- 63,6 % des importations proviennent de l'Union européenne.

- Solde commercial négatif en 2000 : – 1 040 millions d'euro.
- Principaux produits exportés : électronique, machinerie et équipements de transport.
- Relations commerciales avec la France : elles se caractérisent par un déséquilibre en faveur de la France. La France est le 3e partenaire de Malte et son 2e fournisseur. En 2002, les exportations françaises occupent 21,7 % du marché maltais.

Système politique

- République, démocratie parlementaire.
  Le système politique bipartisan est d'inspiration britannique et fonctionne selon une alternance régulière.
  La Constitution actuelle a été adoptée en 1964 et révisée en 1974 au moment où l'île est devenue une République.
  La dernière réforme constitutionnelle date de 1994.
- Chef de l'État : Guido de Marco, élu le 4 avril 1999.
  Le président est choisi sur résolution de la Chambre des représentants pour cinq ans.
- Premier ministre : Eddie Fenech-Adami.
- Système parlementaire monocaméral.
  La Chambre des représentants (Il Kamra Tad Deputati) comprend 65 membres. Les députés sont élus pour cinq ans au suffrage universel direct, à la représentation proportionnelle.
  Les dernières élections législatives (anticipées) se sont déroulées le 12 avril 2003, un mois après le référendum consultatif sur l'adhésion à l'Union européenne, et prolongent pour cinq ans la direction du pays par le Parti nationaliste.

Composition du Parlement

- 34 sièges : MLP (Parti nationaliste).
- 31 sièges : LP (Parti travailliste).

- Des élections locales ont lieu au mois de mars de chaque année dans un tiers des municipalités maltaises.
- Prochaines élections : présidentielle en 2004, législatives en 2008.

Organisation administrative

3 régions, 68 communes.

Mer Baltique
Gdynia
Gdańsk
Kolobrzeg
Świnoujście
Szczecin
RUSSIE
LITUANIE
BIÉLORUSSIE
Bydgoszcz
Bialystok
Poznań
VARSOVIE
ALLEMAGNE
Lódź
Radom
Wrocław
Lublin
Częstochowa
Gliwice
Katowice
Rzeszów
Kraków
(Cracovie)
RÉPUBLIQUE
TCHÈQUE
UKRAINE
SLOVAQUIE
0 50 100 km

Pologne

La Pologne

Dépecée, occupée, anéantie, la Pologne l'a été dans sa longue histoire. Tiraillée entre l'Est et l'Ouest, elle a vu ses frontières changer trop souvent, son identité niée, son territoire ravagé.

Entre 1772 et 1795, elle a été partagée trois fois entre la Prusse et la Russie, parfois aidées de l'Autriche, jusqu'à ne plus exister du tout ! On compte cinq partages de la Pologne dans toute son histoire moderne !

S'il est un lieu où, dans les vastes plaines du nord de l'Europe, se déchaînent les vents d'est de l'histoire, c'est bien le pays de la Vistule et de l'Oder.

S'il est un État qui a subi de plein fouet le choc de l'expansionnisme allemand, c'est bien la Pologne.

Pourtant, toujours elle renaît, forte du souvenir de Sigismond II, prince d'un royaume qui comptait deux fois plus d'habitants que la France, répartis sur un territoire deux fois plus étendu.

Son histoire est riche et tragique, du règne de Mieszko Ier, en 960, à l'élection de Lech Walesa en 1990.

Elle est celle d'un grand pays de l'Europe orientale, le plus peuplé de cet élargissement, meurtri par les guerres incessantes et l'intervention continue des puissances étrangères.

Dans son long chemin vers des temps apaisés, les pas de la Pologne ont souvent croisé ceux de la France.

Non pas seulement parce que nous lui avons imposé, en 1573, l'élection par la Diète du troisième fils de Catherine de Médicis, qui se maintint quatorze mois avant de revenir en France succéder à Charles IX sous le nom d'Henri III.

Non plus parce que Napoléon a redonné, en 1807, une existence à la Pologne partagée, en créant le grand-duché de Varsovie.

Non pas seulement encore parce que Jozef Poniatowski put conduire 100 000 Polonais au sein de la Grande Armée envahissant la Russie, dans l'espoir de retrouver définitivement une Pologne indépendante.

Mais surtout parce que les artistes et les intellectuels de nos deux pays ont souvent partagé l'enthousiasme des causes romantiques, de l'esprit des Lumières et de la Révolution française.

Parce qu'il y a plus d'un million de Polonais qui se sont réfugiés en France et y ont trouvé une terre d'accueil.

Parce que Frédéric Chopin a su charmer les Français et Roman Polanski les fasciner, avec Andrzej Wajda ou Penderecki, pendant qu'Arthur Rubinstein envoûtait le monde par sa virtuosité.

Parce que la Pologne a toujours été notre alliée, jusqu'à cette date du 1er septembre 1939 qui vit son invasion par les nazis et notre entrée en guerre pour la défendre.

On estime à 12 millions le nombre de Polonais vivant à l'étranger, dont la plus grande partie aux États-Unis. Un tiers de la population, c'est beaucoup. Comme furent trop nombreux les 6 millions de morts polonais, dont 3 millions de juifs, victimes du nazisme, du travail forcé et des camps de concentration, majoritairement implantés en Pologne.

Ayant retrouvé son indépendance par le traité de Versailles en 1919, elle souffrit mille maux sous la botte nazie et la férule soviétique.

Les conférences de Téhéran, Yalta et Potsdam aboutirent, une fois encore, à modifier tellement les frontières qu'il fallut procéder à des transferts de population massifs.

Les populations allemandes de Silésie et de Poméranie furent expulsées et réinstallées en Allemagne ; les Polonais se retrouvant en territoire soviétique durent également être rapatriés.

On peut voir encore dans l'auberge Cecilienhof de Potsdam les hésitations des pourparlers de paix qui dessinèrent la nouvelle Europe, et l'on comprend combien il est difficile d'être polonais.

Les révoltes d'octobre 1956 à Poznań, de 1970 et 1980 à Gdańsk aboutirent finalement à la liberté retrouvée, mais au prix de quelles douleurs !

Désormais stabilisée et apaisée, la Pologne est la destination principale, parmi les pays candidats, des investissements étrangers en Europe centrale. Son économie se redresse, son agriculture se modernise à grande vitesse.

Occupant une place stratégique, elle est riche aussi de ressources naturelles qui suscitent les convoitises : charbon, cuivre, plomb, zinc, soufre... font de ce pays une vraie puissance de l'industrie lourde et des mines.

Un programme de privatisation a transféré un nombre important d'entreprises du secteur public vers le secteur privé. Sur quelque 10 000 entreprises d'État enregistrées en 1990, 5 150 ont été privatisées et près de 1 000 liquidées. Désormais le secteur privé est à l'origine de près de 72 % du PIB (contre moins de 20 % en 1990).

Néanmoins, des progrès doivent encore être accomplis dans l'adoption des règles communautaires. Il est vrai que la mise aux normes européennes des contraintes de respect de l'environnement nécessite des investissements considérables ! La Pologne est un grand pays et les réformes y sont aussi difficiles que dans les pays comparables.

Mais si les négociations avec l'Union ont été complexes, la volonté des autorités est sans faille et courageuse. Toute la Pologne est mobilisée pour rejoindre l'Europe et attend cet aboutissement comme un événement considérable. À nous d'être à la hauteur de ces espoirs. C'est un devoir pour les Quinze.

L'opinion polonaise est favorable à l'Europe. Les 7 et 8 juin 2003, ils ont ratifié l'adhésion de leur pays à l'Union européenne à 77 % des voix. Les élections législatives de septembre 2001 et les élections locales de novembre 2002, qui marquaient une montée du populisme, sont désormais loin.

Les Polonais ont su faire preuve de sagesse et de sang-froid et ne pas céder aux sirènes simplistes. Ils retrouvent leurs racines européennes profondes, celles qui leur offrent le plus bel avenir et qui puisent leurs vertus dans le meilleur de son histoire.

Profil

- Superficie : 312 685 km^2.
- Frontières : 2 888 km (Biélorussie 605 km, République tchèque 658 km, Allemagne 456 km, Lituanie 91 km, Kaliningrad 206 km, Slovaquie 444 km, Ukraine 428 km).
- Côtes : 491 km.
- Capitale : Varsovie.
- Monnaie : le zloty.
- Population : 38,6 millions d'habitants au 31 décembre 2001.
- Composition : 97,6 % Polonais, 1,3 % Allemands, 0,6 % Ukrainiens, 0,5 % Biélorusses (estimations de 1990).
- Confessions : les Polonais sont majoritairement de confession catholique. Minorités de protestants, orthodoxes, musulmans, mariavites et juifs.
- Croissance démographique (2000-2005) : – 0,1 %.
- Espérance de vie (2000-2005) : hommes 69 ans et femmes 78 ans.

Données économiques (2002)

- PIB : 202 milliards d'euro courants.

- Croissance du PIB : 1,3 % (4,0 % en 2000, 1,0 % en 2001).
- PIB par habitant (en SPA en euro) : 10 230 (42,6 % de la moyenne communautaire).
- Salaire mensuel brut moyen : 553 euro.
- Coût horaire en euro de la main-d'œuvre : 4,48 (2000).
- Chômage : 19,9 % (15,1 % au 31 décembre 2000).
- Part de l'emploi agricole : 19,2 %.
- Part de l'emploi industriel : 30,7 %.
- Part de l'emploi dans les services : 51,1 %.
- Part de l'agriculture : 3,4 % du PIB.
- Part de l'industrie : 32,9 % du PIB.
- Part des services : 63,7 % du PIB.
- Inflation : 1,9 %.
- Déficit public : 4,1 % du PIB (1,8 % en 2000 ; 3,0 % en 2001).
- Dette publique : 41,8 % du PIB.
- Secteurs performants : meuble, automobile, construction navale, industrie agro-alimentaire, sidérurgie.
- Investissements directs étrangers (IDE) : stock de 36 783 millions d'euro (en 2000, 671 euro par habitant).
  En 2001, la France est le premier investisseur en Pologne, avec 14 milliards d'euro investis, grâce à la prise de participation stratégique de France Télécom au capital de TPSA.
- Nombre de téléphones mobiles pour 100 habitants : 25.
- Nombre d'utilisateurs d'Internet pour 100 habitants : 10.

Relations commerciales avec l'Union européenne (2001)

- 69,2 % des exportations se font en direction de l'Union européenne.
- 61,4 % des importations proviennent de l'Union européenne.

- Solde commercial négatif en 2000 comme en 2001 : – 15 662 millions d'euro.
- Principaux produits exportés : électronique, véhicules de transport routier.
- Relations commerciales avec la France : la France est le 4e fournisseur de la Pologne depuis 2000 avec une part de marché de 6,4 %, derrière l'Allemagne, la Russie et l'Italie. En 2001 la France est devenue le 3e client de la Pologne derrière l'Allemagne et l'Italie.

Système politique

- République, démocratie parlementaire.
  La Constitution actuelle est entrée en vigueur le 17 octobre 1997.
- Chef de l'État : Aleksander Kwasniewski, réélu en octobre 2000.
  Le président est élu au suffrage universel direct pour un mandat de cinq ans renouvelable une fois.
- Premier ministre : Leszek Miller.
- Système parlementaire bicaméral.
  La Diète comprend 460 membres. Les députés sont élus pour quatre ans, à la représentation proportionnelle. Un seuil de 5 % des suffrages est exigé pour qu'une formation politique (8 % pour une coalition) accède à la Diète (Sejm). Certains sièges sont réservés aux représentants des minorités ethniques.
  Les 100 membres du Sénat sont élus pour quatre ans au scrutin majoritaire.
  Les députés et sénateurs sont élus simultanément.
  Les dernières élections législatives se sont déroulées le 23 septembre 2001. La coalition gouvernementale est formée par le SLD-UP et le PSL (une telle coalition a déjà présidé à la destinée de la Pologne entre 1993 et 1997).

Composition de la Diète

- 216 sièges : SLD-UP (Alliance pour la gauche démocratique-Union du travail).
- 65 sièges : PO (Plate-forme civique, centre droit).
- 53 sièges : SRP (Autodéfense de la République polonaise).
- 44 sièges : PIS (Droit et Justice, conservateur).
- 42 sièges : PSL (Parti paysan populaire).
- 38 sièges : LPR (Ligue des familles).
- 1 siège : MN (Minorité allemande).
- 1 siège : Minorité allemande de la Silésie du Nord.

Composition du Sénat

- 75 sièges : SLD-UW (Coalition social-démocrate et Union de la liberté).
- 15 sièges : Blok Sénat 2001.
- 4 sièges : PSL.
- 2 sièges : LPR.
- 2 sièges : SRP.
- 1 siège : HTS.
- 1 siège : SLK.

- Prochaines élections : présidentielle et législatives en 2005. Des élections législatives anticipées semblent néanmoins devoir se produire avant le 1er mai 2004.

Organisation administrative

16 régions et 3 villes autonomes (Varsovie, Cracovie et Lodz), 308 départements, 2 489 communes.

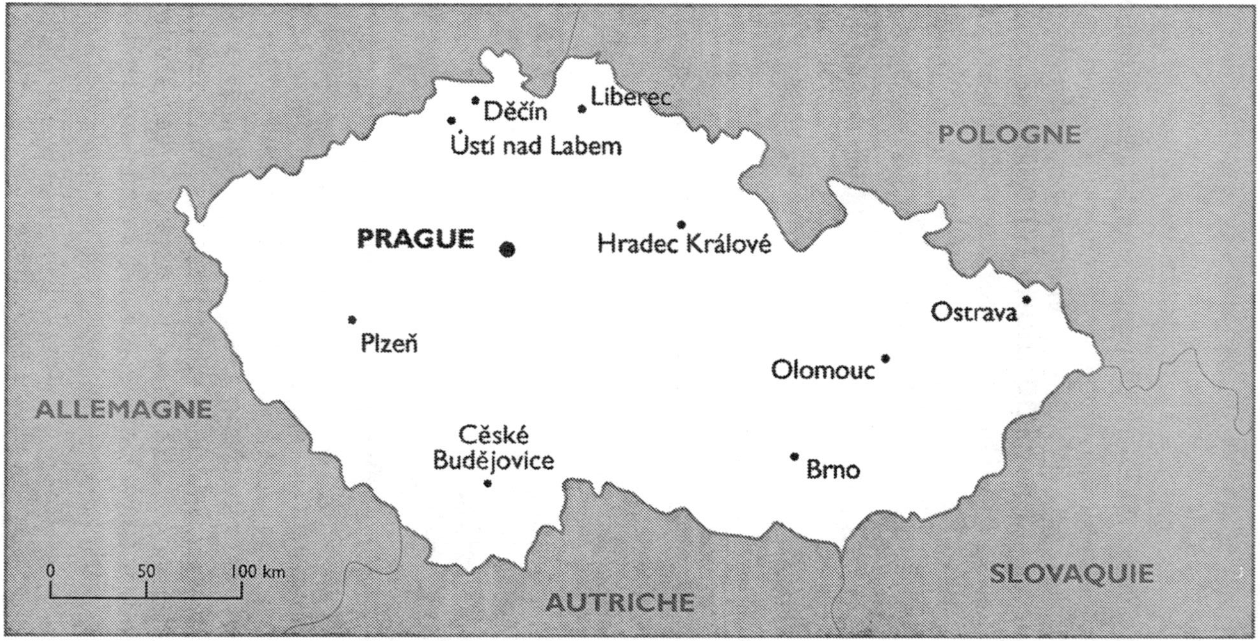

République tchèque

La République tchèque

C'est le 1er janvier 1993 que la Tchécoslovaquie se scinde entre la République tchèque et la Slovaquie. Cela faisait des siècles que la Bohême, la Moravie et la Slovaquie vivaient un destin à la fois commun et divisé.

Le roi Charles IV de Bohême, qui accède au trône en 1346, est un mécène amoureux des arts et des lettres. Des artistes du monde entier accourent à Prague. Le mouvement ne cessera jamais. À cette époque, c'est l'enluminure des manuscrits, avec Jean de Troppau, ou l'architecte Peter Parler, constructeur du fameux pont Charles, qui étonnent le monde.

Plus tard, ce seront Bedřich Smetana et sa Moldau, Anton Dvořák, Franz Kafka, K. Capek, le peintre Mucha ou le prix Nobel de littérature 1984 Jaroslav Seifert qui porteront le flambeau d'une richesse culturelle, peut-être sans égale au cœur de l'Europe.

Plus près de nous, Milan Kundera, devenu français après ses œuvres qu'il ne pouvait imprimer qu'à l'Ouest, est le symbole vivant de cette formidable créativité artistique. Milos Forman, américain désormais, prouve aussi que la culture, chez les Tchèques, est la seule vraie nature.

C'est pourquoi tant d'artistes ont vécu ou sont, un jour, passés à Prague. Rilke, Brod, Tsvetaïeva et bien d'autres vinrent, en leur temps rêver, composer, peindre ou écrire sur les bords de la Vltava.

L'esprit de liberté et de critique, condition indispensable de la créativité, y a toujours soufflé.

Les Tchèques, évangélisés au IXe siècle par Cyrille et Méthode, furent les plus réceptifs à la Réforme. Jan Hus, l'auteur de *De Ecclesia*, fut condamné par le concile de Constance et brûlé en 1415. Ses disciples, les hussites, tout en rejoignant plus tard les catholiques, ont jeté les bases de la Réforme future. Comenius, l'un des « Frères de Bohême » qui perpétuaient son enseignement, réforma la pédagogie et parcourut toutes les cours d'Europe.

Battus à la bataille de la Montagne blanche, les Tchèques tombèrent sous la coupe des Habsbourg. Ils y restèrent pendant quatre siècles.

L'indépendance de la Tchécoslovaquie fut proclamée en 1918 et ses frontières fixées par le traité de Trianon en 1920. Son premier président fut Tomás Masaryk.

La Tchécoslovaquie fut l'un des États les plus prospères entre les deux guerres, malgré les tensions entre Tchèques et Slovaques à qui l'on avait promis une autonomie qu'ils n'obtinrent pas.

Les tourbillons de l'histoire européenne et surtout la montée du nazisme eurent raison de cette première expérience.

Au cours de la fameuse conférence de Munich, les 29 et 30 septembre 1938, en présence de Chamberlain, Daladier et Mussolini, Hitler arracha à la Tchécoslovaquie 3 millions d'habitants, les Sudètes et 30 000 km² de territoire, entraînant à sa suite des revendications territoriales identiques de la Hongrie et de la Pologne. En un mois, le pays perdit 5 millions d'habitants, un quart de son outil industriel et un tiers de son territoire. Puis la Slovaquie proclama son indépendance.

Le 15 mars 1939, l'armée nazie occupait le pays et le protectorat allemand de Bohême-Moravie était proclamé.

En quelques semaines, un pays riche et prospère avait été rayé de la carte.

Le XXe siècle n'en avait pas fini pour autant avec ce pays.

Les communistes, par le coup de Prague, en 1948, s'emparèrent du pouvoir et organisèrent les 40 000 procès de Prague, rendus célèbres par Arthur London et le film *L'Aveu*, suscitant en 1968 le Printemps de Prague, révolution anticommuniste matée par les chars et 600 000 hommes du pacte de Varsovie.

Une fois de plus, l'Occident abandonnait les Tchèques.

Il fallut attendre 1989 et la Révolution de velours, avec l'écrivain dissident Václav Havel, pour qu'ils recouvrent la liberté qu'ils aiment tant et la prospérité dont ils sont capables.

Une telle histoire, au cœur de l'Europe culturelle, fut, en fait, la conséquence de la situation géographique de ce pays riche, aux carrefours de l'Est et de l'Ouest.

La République tchèque, dont l'économie est, à 80 %, privatisée, dispose de ressources naturelles importantes (zinc, mercure, uranium et lignite) et d'une tradition industrielle forte. La métallurgie, le verre et le textile notamment y étaient, avant la guerre, des industries performantes qui se sont restructurées pour affronter le marché unique.

Elle est bien préparée à l'adhésion et a entrepris des réformes en profondeur lui permettant la reprise de l'acquis communautaire.

Ses relations avec ses voisins, l'Allemagne, l'Autriche et la Hongrie, sont parfois compliquées par l'histoire. En 1945, les populations germanophones et hongroises des Sudètes se virent expulsées et leurs biens confisqués. La sécurité et le niveau technologique de la centrale nucléaire de Temelin inquiètent.

Mais ce nouveau membre de l'OTAN, depuis 1999, est prêt pour l'adhésion. Une forte majorité de Tchèques y a répondu favorablement les 13 et 14 juin 2003 en votant oui à 77,3 % à la question qui leur était posée par référendum.

La République tchèque reprend sa place au cœur de l'Europe apaisée. Elle y sera naturellement à l'aise, car chez elle.

Profil

- Superficie : 78 866 km².
- Frontières : 2 303 km (Autriche 466 km, Allemagne 810 km, Pologne 762 km, Slovaquie 265 km).
- Capitale : Prague.
- Monnaie : la couronne tchèque.
- Population : 10,3 millions d'habitants au 31 décembre 2001.
- Composition : 80 % Tchèques, 3 % Slovaques, 3 % Tziganes, autres (Polonais, Allemands, Hongrois, Ukrainiens).
- Confessions : 39,8 % athées, 39,2 % catholiques romains, 4,6 % protestants, 3 % orthodoxes et 13,4 % autres.
- Croissance démographique (2000-2005) : – 0,1 %.
- Espérance de vie (2000-2005) : hommes 72 ans et femmes 78 ans.

Données économiques (2002)

- PIB : 73,9 milliards d'euro courants.
- Croissance du PIB : 2,0 % (3,3 % en 2000 ; 3,2 % en 2001).
- PIB par habitant (en SPA en euro) : 14 750 (61,5 % de la moyenne communautaire).
- Salaire mensuel brut moyen : 510 euro.
- Coût horaire en euro de la main-d'œuvre : 3,90 (2000).
- Chômage : 7,3 %.
- Part de l'emploi agricole : 4,9 %.
- Part de l'emploi industriel : 40,5 %.
- Part de l'emploi dans les services : 54,6 %.
- Part de l'agriculture : 4,2 % du PIB.
- Part de l'industrie : 40 % du PIB.
- Part des services : 55,8 % du PIB.
- Inflation : 1,4 %.

- Déficit public : 3,9 % du PIB (3,3 % en 2000 ; 5,5 % en 2001).
- Dette publique : 27,1 % du PIB.
- Secteurs performants : automobile, mécanique, jouet, chimie.
- Investissements directs étrangers (IDE) : stock de 23 352 millions d'euro (2 284 euro par habitant).
- Nombre de téléphones mobiles pour 100 habitants : 68.
- Nombre d'utilisateurs d'Internet pour 100 habitants : 14.

Relations commerciales avec l'Union européenne (2001)

- 68,9 % des exportations se font en direction de l'Union européenne.
- 61,8 % des importations proviennent de l'Union européenne.
- Solde commercial négatif en 2000 comme en 2001 : – 3 491 millions d'euro.
- Principaux produits exportés : véhicules de transport routier, électronique, machinerie, produits manufacturés.
- Relations commerciales avec la France : les échanges commerciaux entre la France et la République tchèque ont quadruplé entre 1993 et 1999. La part de marché de la France est passée de 3,1 % en 1993 à 5,4 % en 1999. En 2002, la France est le 4e fournisseur de la République tchèque. Par ailleurs, avec 6,1 % du stock d'IDE à la fin 2001, la France est le 4e investisseur derrière les Pays-Bas, l'Allemagne et l'Autriche.

Système politique

- République, démocratie parlementaire.
  La nature de la République fait l'objet d'un vif débat entre

les partis politiques : le régime doit-il rester parlementaire ou devenir présidentiel ?

La Constitution actuelle a été ratifiée le 16 décembre 1992 et est entrée en vigueur le 1er janvier 1993.

- Chef de l'État : Václav Klaus, élu le 28 février 2003 (il a succédé à Václav Havel).

  Le président est élu pour cinq ans (mandat renouvelable une fois) par l'ensemble des députés et sénateurs réunis en Congrès.

  La question de l'élection du chef de l'État au suffrage universel est régulièrement posée. Selon les sondages, les Tchèques y seraient favorables à 67 %.
- Premier ministre : Vladimir Spidla.
- Système parlementaire bicaméral.

  La Chambre des députés (Poslanecka Snemnova) comprend 200 sièges ; les députés sont élus pour quatre ans au suffrage universel direct à la représentation proportionnelle ; le seuil est de 5 % des suffrages pour qu'un parti politique accède à la Chambre basse.

  Le Sénat comprend 81 membres élus pour un mandat de six ans. Tous les deux ans, un tiers des membres est renouvelé.

  Les dernières élections partielles au Sénat ont eu lieu en octobre 2002. Les élections pour la Chambre des députés se sont déroulées en juin 2002. La coalition gouvernementale est composée du CSSD et de la Coalition de centre-droit.

Composition du Parlement

- 70 sièges : CSSD (Parti social-démocrate).
- 58 sièges : ODS (Parti civique démocrate).
- 41 sièges : KSCM (Parti communiste de Bohême-Moravie).
- 31 sièges : Coalition de centre-droit.

Composition du Sénat

- 26 sièges : ODS.
- 16 sièges : US-DEU / ODA (Union de la liberté, Union démocratique, Alliance civique démocrate).
- 14 sièges : KDU / CSL (Union chrétienne-démocrate, Parti populaire tchèque).
- 11 sièges : CSSD.
- 3 sièges : KSCM.
- 11 sièges : autres partis et indépendants.

- En novembre 2000, les Tchèques ont élu pour la première fois leurs conseillers régionaux : la droite parlementaire a obtenu la majorité (356 mandats contre 272 pour la gauche) dans l'ensemble des régions, excepté en Bohême du Nord.
- Prochaines élections : présidentielle en 2008, législatives en 2006, sénatoriales partielles en 2004.

Organisation administrative

8 régions, 73 départements et 4 *mesta*.

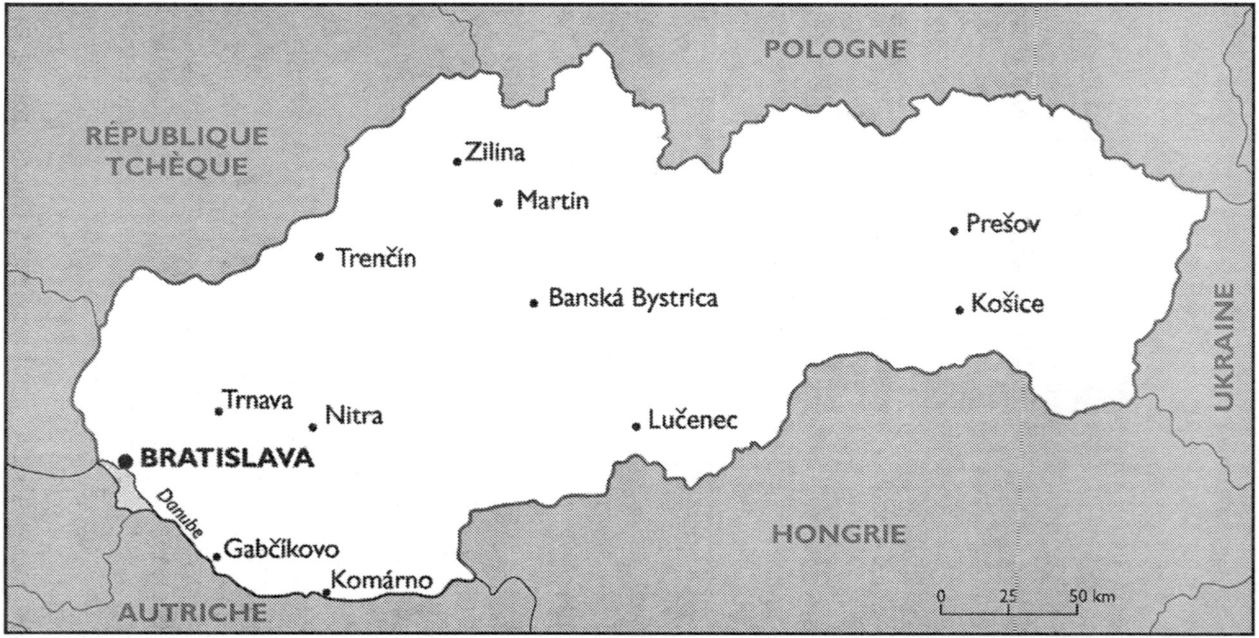
POLOGNE
RÉPUBLIQUE TCHÈQUE
Zilina
Martin
Trenčín
Prešov
Banská Bystrica
Košice
UKRAINE
Trnava
Nitra
Lučenec
BRATISLAVA
Danube
Gabčíkovo
Komárno
HONGRIE
AUTRICHE
0
25
50 km

Slovaquie

La Slovaquie

Il ne faut pas toujours résumer l'histoire aux événements récents.

On connaissait bien, en Europe de l'Ouest, la Tchécoslovaquie et l'on pensait généralement que la Slovaquie n'en était que la partie orientale.

C'est pourtant dès le XIe siècle qu'elle joue le rôle de carrefour entre l'Est et l'Ouest.

Et du XVIe au milieu du XIXe siècle, la capitale administrative de la Hongrie fut plus souvent Bratislava, alors baptisée Presbourg, que Budapest. Il faut dire que les Ottomans occupèrent longtemps la plaine hongroise.

Intégrée à la Tchécoslovaquie en 1918, la Slovaquie proclame son indépendance et sa préférence pour les puissances de l'Axe en 1939, sous la présidence de Josef Tiso.

Le destin des Slovaques se lie de nouveau à celui des Tchèques, au sein de la Tchécoslovaquie après la guerre, sous la botte soviétique.

Le Slovaque Alexander Dubček est l'un des artisans du Printemps de Prague en 1968.

Premier secrétaire du Parti communiste, il laisse s'exprimer l'aspiration à plus de liberté et cède à de nombreuses revendications. Les chars russes entrent dans Prague. Enlevé par les Soviétiques et conduit à Moscou, il est contraint de signer un accord acceptant « le stationnement provisoire » des troupes du pacte de Varsovie. C'en est fini des espoirs de réformes et de liberté, pour quelques dures années de plus !

La Slovaquie est un pays montagneux et enclavé dont le sous-sol contient des ressources minérales importantes, comme le charbon, le fer, le cuivre, le zinc ou la magnésite. Mais elle fut autoritairement spécialisée par les Soviétiques, à partir de 1948, dans les industries militaires au profit des pays du pacte de Varsovie.

Aussi son économie souffrit-elle beaucoup du nouveau contexte et les restructurations nécessaires furent-elles plus difficiles.

Au moment de la Révolution de velours, le nationalisme refait surface en Slovaquie, aiguillonné par les nostalgiques de l'État slovaque.

Très vite, les nouvelles institutions tchécoslovaques sont paralysées par les Slovaques qui ne souhaitent pas revivre l'entre-deux-guerres où ils furent trop négligés par les Tchèques.

Ils poussent à la séparation et l'obtiennent le 1er janvier 1993.

Une longue période d'instabilité politique s'ensuivit, avec la présence d'un parti de droite nationaliste dont beaucoup des thèmes n'apparaissaient pas conformes aux usages européens.

Au point que le commissaire européen à l'élargissement vint personnellement mettre en garde les Slovaques avant les élections des 20 et 21 septembre 2002. Il fut entendu. Les thèses nationalistes semblent bien loin, et 92 % des Slovaques ont dit oui au référendum sur l'adhésion les 16 et 17 mai 2003.

L'attente est forte envers l'Union et celle-ci devra accorder à la Slovaquie toute l'attention qu'elle mérite. Car des efforts pour rattraper son retard, elle en fait et de difficiles !

Elle occupe une place à part, à l'est de l'Union, aux frontières de l'Ukraine avec qui elle est le principal transporteur du gaz russe (90 milliards de m^3 par an).

Elle est résolument enthousiaste à l'idée d'intégrer un ensemble économique stable au sein duquel elle saura faire preuve de son savoir-faire industriel et dont elle attend beaucoup, notamment en termes d'investissements étrangers.

Pour la Slovaquie, l'adhésion à l'Union européenne sonne comme les cloches de la paix enfin trouvée dans un ensemble où chacun des partenaires est traité sur un pied d'égalité. La Communauté européenne lui va très bien et lui doit bien cela.

Profil

- Superficie : 49 030 km².
- Frontières : 1 672 km (Autriche 106 km, République tchèque 265 km, Hongrie 654 km, Pologne 547 km, Ukraine 98 km).
- Capitale : Bratislava.
- Monnaie : la couronne slovaque.
- Population : 5,4 millions d'habitants au 31 décembre 2001.
- Composition : 85,7 % Slovaques, 10,6 % Hongrois, 1,6 % Tziganes (10 % selon d'autres sources), 1,1 % Tchèques, 0,6 % Ukrainiens, 0,1 % Allemands, 0,1 % Polonais.
- Confessions : 60,3 % catholiques romains, 6,2 % protestants, 3,2 % catholiques grecs, 3,1 % juifs, 9,7 % athées et 17,5 % non répertoriés.
- Croissance démographique (2000-2005) : 0,1 %.
- Espérance de vie (2000-2005) : hommes 69 ans et femmes 77 ans.

Données économiques (2002)

- PIB 25,1 milliards d'euro courants.
- Croissance du PIB : 4,4 % (2,2 % en 2000 ; 3,3 % en 2001).
- PIB par habitant (en SPA en euro) : 11 890 (49,6 % de la moyenne communautaire).

- Salaire mensuel brut moyen : 316 euro.
- Coût horaire en euro de la main-d'œuvre : 3,06 (2000).
- Chômage : 18,6 %.
- Part de l'emploi agricole : 6,3 %.
- Part de l'emploi industriel : 37,1 %.
- Part de l'emploi dans les services : 56,7 %.
- Part de l'agriculture : 4,6 % du PIB.
- Part de l'industrie : 32,7 % du PIB.
- Part des services : 62,7 % du PIB.
- Inflation : 3,3 %.
- Déficit public : 7,2 % du PIB (10,4 % en 2000 ; 7,3 en 2001).
- Dette publique : 42,6 % du PIB.
- Secteurs performants : automobile, sidérurgie, chimie.
- Investissements directs étrangers (IDE) : stock de 2 801 millions d'euro (521 euro par habitant).
- Nombre de téléphones mobiles pour 100 habitants : 40.
- Nombre d'utilisateurs d'Internet pour 100 habitants : 17.

Relations commerciales avec l'Union européenne (2001)

- 59,9 % des exportations se font en direction de l'Union européenne.
- 49,8 % des importations proviennent de l'Union européenne.
- Solde commercial négatif en 2000 comme en 2001 : – 2 383 millions d'euro.
- Principaux produits exportés : machinerie, équipement de transport.
- Relations commerciales avec la France : les échanges commerciaux ont quintuplé entre 1993 et 1999. La France est le 6e client et le 6e fournisseur de la Slovaquie. En 2002, les exportations françaises représentent 7,2 % du

total des exportations européennes à destination de la Slovaquie.

Système politique

- République, démocratie parlementaire.
  La Constitution actuelle est entrée en vigueur le 1er janvier 1993. Elle a été révisée en 1999 pour permettre l'élection du président au suffrage universel direct.
  – Chef de l'État : Rudolf Schuster, élu le 15 juin 1999.
  Le président est élu pour cinq ans au suffrage universel direct.
- Premier ministre : Mikulas Dzurinda.
- Système parlementaire monocaméral.
  Le Conseil national comprend 150 sièges ; les députés sont élus pour quatre ans, à la représentation proportionnelle ; le seuil est de 5 % des suffrages pour qu'un parti politique accède au Conseil national.
  Les dernières élections parlementaires se sont déroulées les 20 et 21 septembre 2002. Elles ont reconduit M. Dzurinda à la tête d'une coalition rassemblant le SDKU, le SMK, le KDH et l'ANO.

Composition du Parlement

- 36 sièges : HZDS (Mouvement pour une Slovaquie démocratique).
- 28 sièges : SDKU (Union démocrate-chrétienne).
- 25 sièges : SMER (Direction).
- 20 sièges : SMK (Parti de la minorité hongroise).
- 15 sièges : KDH (Mouvement chrétien-démocrate).
- 15 sièges : ANO (Alliance du nouveau citoyen).
- 11 sièges : KSS (Parti communiste).

– Prochaines élections : présidentielle au printemps 2004, législatives en 2007.

Organisation administrative

8 régions, 79 départements, 2 875 communes.

La Slovénie

S'il n'existe pas, à proprement parler, d'État slovène jusqu'au début du XIXe siècle, l'identité slovène est depuis bien longtemps très forte.

Au VIIe siècle on en trouve une expression sous le règne du prince Samo dont le territoire s'étend du lac Balaton, en Hongrie, jusqu'à la Méditerranée.

Mais l'histoire de la Slovénie s'est longtemps intégrée à celle d'ensembles plus vastes.

Elle devient duché sous le règne d'Othon Ier, empereur du Saint Empire romain germanique, puis passe sous la tutelle des Habsbourg au XIIIe siècle.

De 1809 à 1814, Napoléon crée les « Provinces illyriennes », ce qui lui vaudra un monument commémoratif de l'Illyrie napoléonienne sur la place de la Révolution française à Ljubljana.

Cette stèle abrite les cendres d'un soldat de l'armée française et porte l'inscription des vers d'une ode, l'*Illyrie ressuscitée*, composée par Valentin Vodnik, poète slovène qui soutint la présence de la France.

Les quatre gouverneurs, dont le général Marmont, encouragent en effet l'usage du slovène dans l'administration et l'enseignement et exercent leurs mandats dans des conditions de libéralisme qui permettent à l'identité slovène de se forger.

C'est la première fois qu'est reconnue la spécificité de ce peuple peu nombreux mais authentique.

AUTRICHE
HONGRIE
Maribor
Velenje
Kranj
Celje
ITALIE
LJUBLJANA
Nova Gorica
Novo Mesto
CROATIE
Izola
Golfe de
Trieste
Piran
Koper
0
25
50 km

Slovenie

Les Slovènes profitent de la Première Guerre mondiale pour rejoindre le royaume de Yougoslavie. Le second conflit mondial les voit occupés par les puissances de l'Axe, puis intégrés dans la Yougoslavie de Tito.

La Slovénie en est la République la plus dynamique et s'en sépare en 1991 en même temps que la Croatie. Le pouvoir fédéral tente de les retenir. Les Slovènes résistent et sont vainqueurs de l'armée serbe de la fédération yougoslave qui préfère se retirer après dix jours de guerre et de blocus. Il n'en fut pas de même en Croatie.

L'économie slovène, qui a beaucoup souffert au lendemain de son indépendance, abrite un véritable savoir-faire industriel et dispose toujours d'un débouché méditerranéen, il est vrai limité à 46 kilomètres, mais équipé d'un port.

Les petites et moyennes entreprises y assurent l'essentiel de l'économie, mais la chimie, la sidérurgie, le pétrole et les constructions mécaniques y reposent sur une vraie tradition manufacturière.

Renault exploite une importante usine depuis de nombreuses années.

Le niveau de vie des Slovènes est parmi les plus élevés des pays candidats. La population active est qualifiée et la productivité est en passe de rejoindre la moyenne européenne.

Au prix de grands efforts, la Slovénie a adopté l'essentiel des règles communautaires bien que l'agriculture souffre de ses prix élevés.

Ce peuple fier et courageux, appliqué et paisible, est jaloux de son indépendance et se méfie de tout ce qui le priverait de sa liberté reconquise. C'est la raison pour laquelle le Parlement, qui n'y est pas obligé, a décidé de faire ratifier l'adhésion à l'Union par un référendum.

Les Slovènes ont dit oui le 23 mars 2003 à 89,66 %.

La « Suisse des Balkans » est un modèle d'intégration dans l'Europe grâce à laquelle sa spécificité ne sera plus contestée, sa liberté sera garantie et son originalité mise en valeur. Elle sera un État membre modèle.

Profil

- Superficie : 20 273 km².
- Frontières : 1 382 km (Autriche 330 km, Croatie 670 km, Italie 280 km, Hongrie 102 km).
- Côtes : 46 km.
- Capitale : Ljubljana.
- Monnaie : le tolar slovène.
- Population : 2 millions d'habitants au 31 décembre 2001.
- Composition : 87,8 % Slovènes, 2,8 % Croates, 0,4 % Hongrois, 0,2 % Italiens, 2,4 % Serbes, 1,4 % Bosniaques, 5 % non répertoriés (dont Tziganes).
- Confessions : la majorité de la population est de religion catholique romaine (il existe aussi 30 autres communautés religieuses officiellement répertoriées).
- Croissance démographique (2000-2005) : – 0,1 %.
- Espérance de vie (2000-2005) : hommes 72 ans et femmes 79 ans.

Données économiques (2002)

- PIB 23,4 milliards d'euro courants.
- Croissance du PIB : 3,2 % (4,6 % en 2000 ; 3 % en 2001).
- PIB par habitant (en SPA en euro) : 18 070 (75,3 % de la moyenne communautaire).
- Salaire mensuel brut moyen : 1 041 euro.
- Coût horaire en euro de la main-d'œuvre : 8,98 (2000).
- Chômage : 6 %.
- Part de l'emploi agricole : 9,9 %.
- Part de l'emploi industriel : 38,6 %.
- Part de l'emploi dans les services : 51,4 %.

- Part de l'agriculture : 3,1 % du PIB.
- Part de l'industrie : 36,8 % du PIB.
- Part des services : 60,1 % du PIB.
- Inflation : 7,5 %.
- Déficit public : 2,6 % du PIB (3,3 % en 2000).
- Dette publique : 28,3 % du PIB.
- Secteurs performants : industrie agro-alimentaire, électroménager, pharmacie.
- Investissements directs étrangers (IDE) : stock de 3 041 millions d'euro (1 527 euro par habitant).
- Nombre de téléphones mobiles pour 100 habitants : 76.
- Nombre d'utilisateurs d'Internet pour 100 habitants : 30.

Relations commerciales avec l'Union européenne (2001)

- 62,2 % des exportations se font en direction de l'Union européenne.
- 67,7 % des importations proviennent de l'Union européenne.
- Solde commercial négatif en 2000 comme en 2001 : – 994 millions d'euro.
- Relations commerciales avec la France : la Slovénie est l'un des principaux partenaires commerciaux de la France en Europe centrale. En 2000, la France est le 3e fournisseur de la Slovénie et son 5e client. Les échanges se sont réduits significativement en 1999 (contraction générale du commerce extérieur slovène et ralentissement des activités de Renault) mais ont repris dès 2000 (redémarrage des exportations françaises et augmentation de 16 %). Quant aux entreprises françaises, elles sont présentes dans les secteurs de l'énergie (nucléaire, thermique et hydroélectrique), de l'environnement, de la grande distribution et surtout de l'automobile.

Système politique

- République, démocratie parlementaire.
  La Constitution actuelle a été adoptée le 23 décembre 1991.
- Chef de l'État : Janez Drnovsek, élu le 1er décembre 2002 (il succède à Milan Kučan).
  Le président est élu au suffrage universel direct pour un mandat de cinq ans, renouvelable une fois.
- Premier ministre : Anton Rop.
- Système parlementaire bicaméral.
  L'Assemblée nationale (Drzavni Zbor) comprend 90 membres. Les députés sont élus, pour quatre ans, au suffrage universel direct, à la représentation proportionnelle.
  Le Conseil national (Drzavni Svet) comprend 40 membres, élus pour cinq ans par les représentants de syndicats et de communautés locales.
  Les dernières élections parlementaires se sont déroulées en novembre 2000. La coalition gouvernementale est composée des LDS, ZLSD, SLS et DeSUS.

Composition de l'Assemblée nationale

- 34 sièges : LDS (Parti libéral-démocrate).
- 14 sièges : SDSS (Parti social-démocrate).
- 11 sièges : ZLSD (Liste unie des sociaux-démocrates).
- 9 sièges : SLS (Parti populaire).
- 8 sièges : NSI (Nouvelle Slovénie, Parti chrétien du peuple).
- 4 sièges : DeSUS (Parti démocratique des retraités).
- 4 sièges : SNS (Parti national).
- 4 sièges : SMS (Parti de la jeunesse).
- 2 sièges : Minorités hongroise et italienne.

– Prochaines élections : présidentielle en 2007, législatives en 2004.

Organisation administrative

58 départements, 192 villes.

DEUXIÈME PARTIE

LE CINQUIÈME ÉLARGISSEMENT

I

L'économie de l'élargissement

Le coût du cinquième élargissement de l'Union européenne reste limité.

À la dépense de moins d'un demi-plan Marshall, étalée sur seize ans, correspondent de réels avantages économiques. L'intégration de nouveaux consommateurs et les perspectives que cet élargissement ouvre à l'économie européenne sont très positives.

Un demi-plan Marshall en seize ans

Pour le redressement de l'Europe au lendemain de la Deuxième Guerre mondiale, les États-Unis ont su se montrer généreux. C'était leur intérêt, c'était intelligent ; ce fut vraiment efficace.

Le plan Marshall, que les pays de l'Est ont refusé sur ordre de Staline, mit à la disposition des pays européens une somme équivalant à 97 milliards de dollars d'aujourd'hui, soit 1,5 % de leur produit intérieur brut (PIB) de l'époque, qui a été versée entre 1948 et 1951. Les économies européennes lui doivent une reconstruction rapide.

Lorsque Helmut Kohl engage la réunification de l'Allemagne en 1990, il sait que la République fédérale devra payer cher la remise à niveau des « frères de l'Est ». Imagine-t-il alors que cela coûtera plus de 600 milliards d'euro[1] entre 1990 et 1999 ? Il y a des causes pour lesquelles on ne compte pas ! Aujourd'hui encore, les transferts financiers de l'Allemagne de l'Ouest vers les anciens Länder de l'Est sont estimés à 75 milliards d'euro par an. Lourde charge pour l'économie et le budget allemands !

Le coût de l'élargissement, sur lequel on entend et on lit beaucoup d'extrapolations inexactes, est bien inférieur à tout ceci.

Depuis 1990, l'Union aide et soutient les nouvelles démocraties. Il lui faudra poursuivre cet effort encore jusqu'en

1. Euro est invariable quel qu'en soit le nombre !

2006, jusqu'à ce que les nouveaux adhérents puissent être placés sous le régime de droit commun des aides et des contributions communautaires.

L'ensemble de ce que nous aurons dépensé pour l'élargissement depuis 1990 et de ce que nous allons dépenser jusqu'en 2006 représente **un coût net de 32,1 milliards d'euro**.

Ce que cela a coûté depuis 1990

Depuis 1990, l'Union européenne a dépensé 19 milliards d'euro d'aides exceptionnelles à travers trois programmes : PHARE, ISPA et SAPARD[1].

Montants annuels des aides destinées aux pays candidats (PECO 10)

En millions d'euro	1990-1994	1995-1999	2000-2003	Total
PHARE	560	730	1 577	12 758
ISPA	–	–	1 040	4 160
SAPARD	–	–	520	2 080
Totaux cumulés	2 800	3 650	12 548	**18 998**

Source : Commission européenne

Le programme PHARE, qui fonctionne depuis 1990, est destiné à aider les économies en transition. À la fin de l'année 2003, il représentera un total de 12,75 milliards d'euro.

En 1994, une stratégie de pré-adhésion est adoptée par le Conseil européen pour faciliter l'établissement d'institutions stables et démocratiques, la construction d'infrastructures

1. PHARE : Pologne-Hongrie Aide à la Restructuration Économique ; ISPA : Instrument for Structural Policies for pre-Accession ; SAPARD : Special Accession Program for Agriculture & Rural Development.

nouvelles destinées à soutenir la croissance économique et pour encourager les coopérations régionales.

« L'agenda 2000 », répondant à une demande des chefs d'État réunis à Amsterdam en 1997, crée ISPA et SAPARD pour financer les restructurations dans le domaine de l'environnement et des transports ou faciliter le développement rural. Un milliard 500 millions d'euro [1] seront consacrés chaque année aux nouvelles démocraties entre 2000 et 2003.

Pour la France, cette dépense représente, pour treize ans, environ **3,8 milliards d'euro**, soit **63 euro** par habitant pour toute la période.

Cela signifie que chaque Français a consacré moins de 5 euro par an, depuis 1990, à aider les nouvelles démocraties. Peut-on considérer cela comme excessif compte tenu de l'enjeu et des valeurs de solidarité que nous prônons ?

En revanche, mesure-t-on ce que cela a signifié pour les habitants de ces pays ?

Reconstruire une économie tout entière, capable de produire et d'affronter la concurrence, mettre sur pied des lois et des règlements, une administration efficace, une justice indépendante, des collectivités locales qui réalisent les investissements publics nécessaires, ce furent des tâches immenses, conduites avec une détermination exceptionnelle et une compréhension de la population que nous ne pourrions pas espérer dans nos pays de l'Ouest.

Pour chacun des pays concernés, il a fallu en dix ans faire le chemin que nous avons parcouru en trente. Les difficultés sociales, la frustration des peuples, qui espéraient des changements plus rapides, se sont accumulées. Et pourtant, ils l'ont fait.

---

1. Les crédits alloués et les crédits réellement utilisés diffèrent. Le taux d'absorption de ces aides atteint aujourd'hui un niveau convenable en ce qui concerne PHARE, mais reste en dessous des attentes pour ISPA et SAPARD.

Même si beaucoup reste à faire, les économies de ces pays ont profondément changé.

Les privatisations ont débuté dès 1991 et se sont poursuivies jusqu'en 1999. La part du secteur privé dans le PIB de ces pays est désormais comparable à la moyenne européenne. Elle atteint même 90 % en Hongrie.

Les restructurations agricoles ont été menées tambour battant malgré les difficultés et, dans sept des pays de l'élargissement (Chypre, Estonie, Hongrie, Malte, République tchèque, Slovaquie et Slovénie), la population agricole est désormais inférieure à 10 % de la population active.

D'ores et déjà, plus de 50 % de la population active des Dix est employée dans les services, ce qui est l'une des preuves de la modernité et de la productivité croissantes de ces économies.

Simultanément, les pays candidats ont réorienté complètement leurs échanges extérieurs.

Sous la botte de l'Union soviétique, chaque pays avait une spécialité et devait réaliser des produits destinés à l'ensemble des pays de la zone, et d'abord à l'URSS elle-même. Une dépendance totale vis-à-vis de l'URSS permettait de contrôler l'empire par une division du travail imposée. C'est ainsi que les autobus Ikarus étaient fabriqués en Hongrie, les lentilles optiques en RDA, les automobiles en Tchécoslovaquie ou en Roumanie pendant que les Slovaques devaient produire les explosifs et les poudres nécessaires aux armées. Et le pétrole et le gaz, dont les robinets étaient sévèrement contrôlés, venaient toujours de l'Union soviétique !

Tout cela a changé en quelques années.

Ces bouleversements ont causé une profonde récession entraînant, dans certains pays, des baisses de production atteignant parfois 50 %.

Depuis l'an 2000, la croissance semble assurée pour une longue période. Le taux de progression du PIB pour les Dix varie désormais entre + 4 et + 6 % en moyenne.

L'inflation a retrouvé des niveaux inférieurs à 10 %.

Les déficits publics avoisinent les 5 % du PIB, la dette est inférieure à 60 % et l'endettement extérieur a été maîtrisé.

En 2001, le PIB par habitant et par an en standard de pouvoir d'achat (SPA) s'élève en moyenne à 11 790 euro (13 300 euro pour la République tchèque, 16 000 euro pour la Slovénie).

Il reste inférieur à celui de l'Union (23 000 euro) et, avec une hypothèse de croissance de 2,5 % dans les pays de l'Union, les forts taux de croissance qu'ils enregistrent dès aujourd'hui (4 à 6 %) leur permettraient de rattraper le niveau de vie européen en 2015-2020 pour les mieux préparés, en 2020-2025 pour les autres. Ces échéances peuvent même être plus proches.

Quoi qu'il en soit, la mise à niveau de nos voisins mérite bien ces quelques efforts, pour leurs peuples comme pour nos propres économies !

Ce que cela va coûter entre 2004 et 2006

À la suite d'âpres discussions, le Conseil européen de Copenhague des 12-13 décembre 2002 a clos les négociations d'adhésion des dix pays candidats.

Les questions budgétaires ont pris une place prépondérante, notamment au cours du dernier trimestre 2002.

Le budget final adopté à Copenhague s'élève à **40 852 millions d'euro** en crédit d'engagement [1], et à **25 142 millions** en crédits de paiement [2]. Cette somme sera consacrée au

1. Dans le droit budgétaire européen, les crédits engagés sont juridiquement actés, c'est-à-dire qu'ils lient juridiquement les instances d'exécution. Ces crédits actés peuvent être engagés jusqu'à l'année « n + 2 ».

2. Les crédits de paiement peuvent être déboursés jusqu'à l'année « n + 3 ».

financement des grands chapitres : agriculture, fonds structurels, politiques internes et compensation de trésorerie.

Le problème du financement de l'élargissement s'est posé dès le lancement des négociations d'adhésion en mars 1998, qui ne concernait alors que six pays.

La première orientation budgétaire de l'Union fut émise dès mars 1999. Le Conseil européen de Berlin avait pour mission de définir les perspectives financières de l'Union européenne pour la période 2000-2006, baptisées *Agenda 2000* ; ce fut l'occasion de chiffrer le coût de l'élargissement envisagé, et de fixer un plafond budgétaire à respecter pour l'adhésion des six nouveaux membres dès 2002.

L'ouverture de négociations avec six États supplémentaires en 2000 – et l'évolution rapide de celles-ci permettant, dès 2001, d'envisager un élargissement à dix – vint bouleverser toutes les prévisions.

La Commission européenne a présenté alors une nouvelle base de négociations dès janvier 2002 ; celle-ci fut l'objet de longues discussions.

Les différents cadres financiers des instances européennes

Tableau comparatif des différentes propositions financières en crédits d'engagement

En millions d'euro	2004	2005	2006	**Total**
Plafonds Berlin 1999	11 610	14 200	16 780	**42 590**
30 janvier 2002	11 563	13 735	16 126	**41 424**
Bruxelles, octobre 2002	11 056	13 054	15 187	**39 297**
Copenhague, décembre 2002	**11 199**	**13 814**	**15 839**	**40 852**

La position de l'Union européenne sur la négociation financière de l'élargissement de 2004 à 2006 pour les dix nouveaux membres a connu beaucoup d'évolutions.

La Commission européenne a présenté le 30 janvier 2002 une note relative au cadrage financier des négociations d'adhésion, en se fondant sur les perspectives de l'*Agenda 2000*.

Dans la mesure où l'élargissement aura lieu en 2004, et non en 2002 comme prévu à l'origine et où il concernerait dix nouveaux membres au lieu de six, la Commission a adapté le « scénario berlinois », sans dépasser le plafond de dépense initial.

Reprenant les montants prévus à Berlin pour les années 2002-2004, elle a proposé d'inscrire des dépenses supplémentaires pour l'agriculture (extension des aides directes et du développement rural), les aides structurelles (accélération de la montée en puissance de ces fonds) et les « compensations » (facilités budgétaires, sûretés nucléaires, renforcement des capacités administratives).

Le sommet de Bruxelles des 24 et 25 octobre a confirmé la majeure partie des propositions de la Commission. Il fut ainsi décidé de fixer les crédits d'engagement consacrés à l'élargissement à **39,3 milliards d'euro**, soit 3,3 milliards de moins que prévu à Berlin, afin de permettre à la présidence danoise d'effectuer d'éventuels ajustements de dernière minute à Copenhague.

Les fonds structurels furent, quant à eux, plafonnés à **23 milliards d'euro** au lieu des 25,5 prévus.

Cette diminution fut justifiée par la faiblesse des capacités d'absorption de ces fonds par les nouveaux membres.

Ceux-ci réagirent durement et durcirent leurs revendications. Ils manifestèrent vigoureusement leur désapprobation avec une unité inédite face aux Quinze.

Des négociations difficiles

Les discussions relatives aux véritables sujets sensibles, c'est-à-dire les questions budgétaires, le volet financier du chapitre agricole ou des fonds régionaux, ne débutèrent qu'à la fin des négociations.

Cela valut à la Commission des remarques acerbes des dirigeants des pays d'Europe centrale et orientale : les négociations durent depuis des années, et l'on omet délibérément l'essentiel, le coût ?

De fait, il eût été dangereux pour la cohésion et l'avenir du projet d'ouvrir prématurément le chapitre des questions financières. La suite le montrera !

Pour comprendre l'importance de ces sujets, il faut se mettre à la place des négociateurs. Les pays candidats comme les Quinze avaient à faire face à des impératifs contradictoires et ils devaient rendre des comptes à leurs opinions publiques.

Les candidats devaient ainsi passer sous les fourches Caudines des Quinze.

Les membres de l'Union devaient rassurer des opinions inquiètes tout en organisant le soutien de leurs « frères de l'Est ». À cette nécessité morale s'ajoutait la pression engendrée par le front commun que tentaient de constituer les pays candidats, comme lors de cette réunion tenue à Varsovie quelques jours avant le sommet de Copenhague.

La tension était palpable, notamment à l'issue du sommet européen de Bruxelles où l'Union décida d'abaisser le montant consacré à l'élargissement en dessous des 40 milliards d'euro symboliques. Contextes budgétaires intérieurs obligent !

Au final, les Quinze ont amendé à la hausse leurs propositions. Les concessions ont porté notamment sur :

– Une « facilité de trésorerie » versée aux budgets nationaux pour atténuer l'impact de la contribution au budget de l'Union dès l'adhésion. Il s'agit d'un transfert budgétaire net de **1 milliard d'euro** sans contrepartie, versé en 2004 à l'ensemble des candidats au prorata de leur PNB.
– Une augmentation forfaitaire de **300 millions d'euro** de cette facilité de trésorerie pour neuf candidats sauf la Pologne, versée en deux tranches de 50 % en 2005 et 2006.
– Une augmentation spéciale de facilité de trésorerie pour 2005 et 2006 de 1 milliard pour la Pologne et de 100 millions pour la République tchèque, par prélèvement sur leur enveloppe de fonds structurels.
– Un « crédit Schengen » destiné au renforcement des contrôles que les candidats devront assurer aux futures frontières extérieures de l'Union (pour un montant total de **858,1 millions d'euro**).
– Une augmentation des crédits pour la sécurité nucléaire qui concerne la Lituanie et la Slovaquie (**227 millions d'euro** au total).
– Une augmentation des compensations budgétaires pour les quatre pays (Chypre, Malte, République tchèque, Slovénie) dont la contribution au budget communautaire aurait excédé les retours financiers de l'élargissement (**987 millions d'euro** au total).
– Un « cadeau de trésorerie » en fixant la date d'adhésion au 1er mai 2004, ce qui permet d'accorder aux dix adhérents en 2004 le versement de douze mois de dépenses contre huit mois de contributions. Cette concession, dont le montant s'élève à **1,6 milliard d'euro**, n'a jamais vraiment été prise en compte par les Quinze dans l'appréciation du paquet en discussion.

Au total, les facilités de trésorerie attribuées aux pays adhérents se répartissent selon le tableau p. 144.

Sous la pression, notamment de la Pologne, les transferts budgétaires nets, sans contrepartie, ont été accrus, mais gagés

Facilités de trésorerie

En millions d'euro	Chypre	Rép. tchèque	Estonie	Hongrie	Lituanie
2004	28	175	16	155	35
2005	5	92	3	28	6
2006	5	92	3	28	6
Total	38	359	22	211	47

	Lettonie	Malte	Pologne	Slovénie	Slovaquie
2004	20	12	443	65	63
2005	3	27	550	18	11
2006	3	27	450	18	11
Total	26	66	1 143	101	85

sur des économies réalisées par ailleurs, notamment sur l'enveloppe des fonds structurels.

Ainsi, selon l'accord de Copenhague, les crédits d'engagement, qui prennent le relais des programmes de pré-adhésion, représentent la somme de **40,852 milliards d'euro**.

Le « paquet budgétaire », en crédits de paiement, s'élève à **25,142 milliards d'euro**.

Les programmes de pré-adhésion PHARE, ISPA et SAPARD prennent fin en 2003. Cependant, les crédits engagés auparavant pourront être dépensés jusqu'en 2006.

Ainsi, **les dix adhérents recevront en réalité 27,8 milliards d'euro** de 2004 à 2006, et non 25,1 milliards comme prévu à Copenhague.

Pour chiffrer le coût net de l'élargissement, on doit retrancher de cette somme les contributions des nouveaux membres. Appelés à participer au budget communautaire dès leur adhésion le 1er mai 2004, ils devront payer leur écot à la caisse commune de l'Union européenne à hauteur de **14,7 milliards d'euro** sur trois ans.

Ainsi, le coût net de l'élargissement pour les trois années 2004, 2005 et 2006 s'élève à **13,1 milliards d'euro**. Il est modéré.

La France contribuera pour 18 % à ces dépenses (second contributeur après l'Allemagne, 23 %), à hauteur de **2,675 milliards d'euro** sur trois ans, c'est-à-dire **14,8 euro par Français et par an.**

Rappelons que la contribution nette annuelle de la France à l'Union est inférieure à **20 euro** par habitant et par an. À comparer aux **2 870 euro**[1] minimum que la collectivité nationale prélève sur chaque Français.

Dans le premier budget européen à vingt-cinq (2004), l'effet de l'adhésion se fait peu sentir ; l'augmentation est seulement de 3,3 % par rapport à 2003.

La Hongrie, la République tchèque et la Pologne se partagent près de 75 % de l'enveloppe des paiements décidée à Copenhague.

La Pologne est de loin la gagnante des négociations de Copenhague. À elle seule, elle recevra 48,6 % des crédits alloués aux Dix, soit près de **7 milliards d'euro** sur trois ans. Cela équivaut à 7 % du budget annuel de l'État polonais. Avec un taux de retour sur contribution de 206 %, c'est-à-dire qu'elle paiera deux fois moins qu'elle n'encaissera. Elle sera bénéficiaire nette de **1,5 milliard dès 2004.**

Les trois États baltes ont également beaucoup profité des dernières concessions de l'Union européenne. Avec la Pologne, ils sont les seuls à avoir **un solde net supérieur à leur contribution**. De plus, leur taux de retour sur contribution dépasse les 300 % ! Ils encaisseront 13,3 % du total de l'enveloppe de l'élargissement. Après la Pologne et la Hongrie, la Lituanie et la Lettonie se trouvent être les 3e et 4e bénéficiaires du « paquet » de Copenhague.

1. Chiffre correspondant au cumul de l'impôt sur le revenu et de la TVA de l'année 2001 rapporté au nombre d'habitants.

Positions budgétaires nettes des dix adhérents après Copenhague (2004-2006)

2004-2006	CP à recevoir	% des CP	Contribution au budget	Solde net	Retour sur contribution (%)
Chypre	516	1,9	428	89	120
Estonie	735	2,6	231	504	318
Hongrie	3 653	13,1	2 280	1 374	160
Lettonie	1 117	4	287	831	389
Lituanie	1 863	6,7	510	1 353	365
Malte	310	1,1	178	132	174
Pologne	13 549	48,6	6 552	6 997	206
Rép. tchèque	3 350	12	2 573	778	130
Slovaquie	1 765	6,3	934	831	188
Slovénie	1 014	3,6	771	244	131
Total en millions d'euro	**27 875**	**100**	**14 744**	**13 131**	**189**

CP = crédits de paiement
Source : ministère des Affaires européennes.

Financer l'élargissement

Le cadrage financier établi à Copenhague se décline comme suit :

Crédits de paiement (2004-2006)	Total
Agriculture	8 254
Aides structurelles	8 954
Politiques internes	2 876
Administration[1]	1 673
Compensations	3 385
Total en millions d'euro	25 142

1. Ce chapitre correspond au montant que les institutions européennes auront payé pour le processus d'élargissement et dont bien entendu ne bénéficient pas les pays entrants.

Les deux premiers chapitres qui pèsent le plus lourd dans ce budget (69 %), l'agriculture et les fonds régionaux, correspondent aux deux volets les plus importants du budget communautaire.

Le chapitre agricole

Le chapitre agricole se décompose en deux parties équivalentes, un volet de développement rural et un autre d'aides aux agriculteurs (PAC). Les agriculteurs des nouveaux membres ne toucheront pas d'aides directes en 2004. Le montant consacré à ce chapitre s'élève à **8,25 milliards d'euro**.

Les fonds structurels

Quant aux fonds structurels, qui ont pour but de compenser les disparités régionales, ils financent d'abord l'équipement des zones dont la richesse se situe au-dessous de 75 % de la moyenne européenne.

À Berlin en 1999, le Conseil européen a décidé de **plafonner les aides structurelles à 4 % du PIB national, au motif que ce plafond représente la capacité maximale d'absorption des pays candidats.**

Les aides structurelles en 2006 représenteront moins de 2,5 % du PIB des dix pays adhérents. Ils recevront ainsi des dotations par habitant nettement plus faibles que celles accordées, à l'époque, pour l'adhésion de l'Espagne, de la Grèce et du Portugal.

Leur capacité d'absorption dépend de la réactivité de leur administration et de son organisation. Et il y a encore beaucoup à dire à ce propos.

Les fonds de pré-adhésion ISPA, censés préparer le terrain pour accueillir les fonds structurels, ont représenté un test pour les gouvernements des pays adhérents.

En effet, le taux d'utilisation des crédits destinés à améliorer les infrastructures nationales demeure faible dans les dix pays. Il est en dessous de toute attente pour la Pologne qui n'a su utiliser jusqu'à ce jour que 0,15 % **(860 000 euro)** des **575 millions d'euro** disponibles entre 2000 et 2002.

L'élargissement représente, par ailleurs, un défi sans précédent pour la politique de cohésion européenne car il accroît beaucoup, au moins provisoirement, les disparités économiques au sein de l'Union.

Selon le rapport de la Commission, l'élargissement a pour effet **un doublement du fossé** en termes de PIB par habitant entre les 10 % de la population européenne vivant dans les régions les plus prospères et les 10 % vivant dans les moins riches.

Dans l'Union à vingt-cinq, 116 millions de personnes, soit 25 % de la population totale, habiteront dans des régions dont le PIB par habitant ne dépasse pas 75 % de la moyenne européenne, contre 68 millions de personnes aujourd'hui. Un glissement des disparités s'opère évidemment vers la partie orientale de l'Union.

L'élargissement est donc bien aussi un pari sur l'avenir. L'Union à vingt-cinq est un formidable réservoir de croissance, mais tout reste à faire !

C'est d'ailleurs dans ce chapitre qu'est prévue une ligne budgétaire consacrée à la partie nord de Chypre, dans la perspective de la réunification. Elle s'élève à **127 millions d'euro** (sur trois ans) et pourra être débloquée dès qu'un accord sera conclu entre les deux parties de l'île.

Les politiques internes

Le chapitre n° 3, intitulé « Politiques internes », couvre :

- Les projets déjà financés et qui sont reconduits à partir de 2004.

– La sécurité nucléaire, à hauteur de **227 millions d'euro**.
– Le renforcement des institutions, programme qui tente d'apporter une véritable expertise aux pays candidats pour utiliser plus efficacement les fonds de pré-adhésion alloués depuis 2000 : **254 millions d'euro**.
– Le renforcement du contrôle des frontières extérieures (Schengen) avec **858 millions d'euro** consacrés à la formation des gardes-frontières, à la mise en place du système d'information Schengen (SIS) et à la mise à niveau des équipements.

Le budget, destiné à renforcer les contrôles aux futures frontières extérieures de l'Union, est réparti ainsi entre les bénéficiaires :

Facilités Schengen

Estonie	Hongrie	Lituanie	Lettonie	Pologne	Slovaquie	Slovénie
68,7	147,9	135,7	71,1	280	47,8	106,9
Total en millions d'euro	**858,1**					

Source : ministère des Affaires européennes.

Les compensations budgétaires

Les compensations budgétaires et les facilités de trésorerie ont été au cœur des débats de dernière minute au sommet de Copenhague.

Le but du régime transitoire était de compenser une éventuelle détérioration de la position budgétaire nette des nouveaux États membres par rapport à leur situation l'année précédant leur entrée dans l'Union. Aucun nouvel État membre ne devrait se trouver dans une position budgétaire moins favorable que celle de l'année précédant l'élargissement.

Au total, ces compensations, négociées individuellement et inscrites dans le traité d'adhésion de chacun des pays, représenteront **3 385 millions d'euro**, autant que les sommes destinées au développement rural.

La contribution des candidats

Les débats autour du coût de l'élargissement ont porté sur ce que cela allait coûter aux pays membres. Il a rarement été question de l'effort qui est demandé aux nouveaux pays membres. Pourtant cet effort sera conséquent.

Chacun payera sa « dot », selon les mots du Premier ministre hongrois, Peter Medgyessy [1].

Le vrai visage de l'élargissement, ce sont aussi les contributions des adhérents au budget communautaire : **14,744 milliards d'euro** pour les trois années 2004, 2005, 2006. L'effort annuel s'élève à près de **5 milliards d'euro** ; il équivaut à 5 % du PIB cumulé des dix entrants.

Les pays entrants seront appelés à contribuer au « rabais britannique ». Cette règle, négociée par Margaret Thatcher en 1984, leur sera applicable. Ils y participeront à hauteur de **1,36 milliard d'euro** sur trois ans, soit 9 % de leur contribution totale, selon la répartition suivante : **320 millions d'euro** en 2004, 497 en 2005 et 529 en 2006.

En valeur absolue ces chiffres représentent :

- 1 749 millions pour les ressources propres.
- 1 748 millions pour la TVA.
- 9 901 millions pour le PIB.
- 1 346 millions pour ledit rabais britannique.

1. *Le Monde*, 10 avril 2003.

À titre indicatif, la Hongrie consacrera au budget communautaire :

– La totalité de ses droits de douane.
– 0,6 % de l'assiette de sa TVA.
– 0,69 % de son PIB de l'année 2004.

Le premier budget de l'Union à vingt-cinq

Le financement de l'Union élargie à vingt-cinq membres requiert une réflexion stratégique à laquelle la Commission européenne doit s'atteler. Il est envisagé de définir les perspectives budgétaires non pas par des politiques précises, mais par des thèmes transversaux tels que la paix, la liberté et la citoyenneté européenne, la prospérité durable, la solidarité, l'administration et les ressources. Durant l'année 2004, la Commission devra formuler des propositions plus concrètes concernant les dépenses et les recettes et devra se préparer aux éventuels futurs élargissements.

Cet exercice signifie avant tout la définition d'un projet commun pour l'Union élargie et réformée. Le budget de l'Union doit être en accord avec les priorités et accepté par les citoyens européens. Il doit permettre d'atteindre les objectifs fixés pour la politique extérieure, le niveau de vie, la croissance durable et la solidarité.

Transposer le projet de l'Europe élargie en termes financiers requiert une réflexion sur la nature de la nouvelle Union, son identité et ses ambitions, mais également sur les politiques à mettre en œuvre, notamment celles qui nécessitent un financement communautaire. Ce travail conceptuel doit s'engager rapidement. On sait que beaucoup y réfléchissent, comme l'actuel président de la Commission européenne, Romano Prodi, qui a rendu public, en plein mois de juillet 2003, un rapport sur l'avenir du budget communautaire. Les réactions ont été à la mesure des innovations qu'il contient. Le débat est lancé.

Plusieurs programmes européens d'envergure vont arriver à terme en 2006, tels que les fonds structurels, la recherche, le réseau transeuropéen, l'éducation ou les médias. Leurs financements futurs devront être préparés en amont, ce qui signifie la mise sur pied d'un cadre juridique dès le début 2006 et d'un projet financier dès 2005.

La Commission a présenté fin avril le projet de budget primitif pour 2004, premier budget de l'Union à vingt-cinq. Le plafond des dépenses s'élève à **100,6 milliards d'euro**.

La priorité est donnée bien entendu à l'élargissement. Le budget maintient un équilibre entre des dépenses en hausse liées à l'élargissement et la discipline budgétaire.

Les dépenses atteignent l'équivalent de 0,99 % du PIB cumulé des Vingt-cinq, laissant une bonne marge au-dessous du plafond établi à 1,24 %. Le budget 2003 s'élevait à 1,04 % du PIB des Quinze !

L'exercice budgétaire est compliqué par le fait que les nouveaux entrants ne deviennent pas membres à part entière au 1er janvier, mais au 1er mai. Ainsi, le budget concerne les Quinze pour les quatre premiers mois et les Vingt-cinq pour le reste de l'année.

L'intégration économique

Les échanges commerciaux demeurent le moteur de l'intégration européenne.

Les échanges commerciaux

L'intégration des économies de l'Europe centrale et orientale dans l'Union a, d'ores et déjà, beaucoup progressé ces dix dernières années. Elle va incontestablement représenter pour l'Union un coup de fouet salvateur alors que la croissance piétine à l'Ouest.

70 % des exportations des pays candidats sont destinées à l'Union européenne. Le taux le plus faible est de 34,4 % pour Malte, le plus fort celui de l'Estonie avec 75,5 %.

58 % de leurs importations proviennent de l'Union européenne. Le taux le plus faible est celui de la Lituanie (43,7 %), le plus fort celui de la Slovénie (68,7 %).

L'ampleur des changements est impressionnante : plus de 50 % du commerce international des futurs membres se fait avec l'Union européenne, contre 20 % en 1989.

Cependant, les flux sont asymétriques, puisque ces pays ne représentent que 4 % des exportations de l'Union européenne. Que de possibilités à venir !

Les pays voisins de l'Allemagne, de l'Autriche et de l'Italie, c'est-à-dire la Pologne, la République tchèque, la Hongrie, la Slovaquie et la Slovénie, en ont profité davantage. Ce voisinage leur a permis de réorienter plus vite leurs échanges vers l'Ouest ; leur passage à l'économie de marché s'en est trouvé facilité.

Les trois Pays baltes ont mis plus de temps, compte tenu de la géographie et des pressions russes. Mais ils ont su bénéficier de la proximité de la Suède, de la Finlande, de l'Allemagne et de la Pologne et ont modifié leurs débouchés et leurs approvisionnements.

C'est un tournant à 180° qu'ont dû faire les nouveaux adhérents pour arrimer leurs économies aux marchés occidentaux, mais ils l'ont fait, avant même l'adhésion !

La France, entre 1992 et 2002, a plus que quadruplé ses exportations à destination des pays candidats à l'adhésion. Celles-ci dépassent désormais les **15 milliards d'euro** par an.

La Pologne occupe une place particulière dans ces échanges, avec **5,6 milliards d'euro**, qui représentent la moitié des échanges avec la zone. En 2001, au total, 3,6 % des exportations françaises étaient dirigées vers les pays candidats, soit plus que vers le monde chinois (2,9 %) ou l'Amérique latine (2,6 %). En 2002, le rythme des échanges s'est maintenu à + 6,6 %, alors qu'il a subi des revers sérieux ailleurs (Asie émergente – 14,3 % ; Amérique latine – 9,1 %). Les échanges ont été dominés par l'industrie (94 % du total).

L'excédent réalisé par la France, dans ses échanges avec l'Europe centrale et orientale, reste stable à **2,3 milliards d'euro** en 2002, soit 90 millions de plus que l'année précédente.

Les échanges dans le secteur automobile ont été les plus dynamiques (+ 19 %), et les ventes de produits agro-alimentaires, pharmaceutiques et de parfumerie ont enregistré une bonne progression, respectivement + 13,2 % et + 8,7 %.

Toutefois, avec 6 % de parts de marché dans les pays d'Europe centrale et orientale (10 % au sein des Quinze), la France peut encore espérer une forte croissance de ses exportations. Les variations sont sensibles selon les pays. En Slovénie et à Malte, les parts de marché de la France sont élevées (12 % et 16 %), alors qu'elles ne représentent que 3 % dans les pays de la Baltique. Les principaux concurrents sont l'Allemagne (plus de 25 %) et l'Italie (9 %).

Parts de marché des États membres dans les 12 pays candidats en %

Parts de marché	France	Allemagne	Italie	UK	Autriche	**Total UE**
12 pays candidats	6,0	27,2	9,2	4,0	4,7	**65,4**

Source : FMI, calculs DREE.

La force des pays candidats réside dans la flexibilité et la capacité d'adaptation du secteur économique. À cela s'ajoute une vraie force de travail accompagnée d'une qualification professionnelle solide. À la suite de la chute du Mur de Berlin, les citoyens de ces pays se sont montrés très entreprenants. Les changements ont entraîné depuis 1989 la restructuration des grands complexes industriels et une explosion des PME, maillons essentiels de ces économies.

En Slovénie, les PME emploient 35 % de la population active. En Hongrie, elles sont au nombre de 800 000, emploient 50 % de la population active et réalisent le tiers des exportations.

Les PME représentent plus de 20 millions d'entités en Europe et emploient plus de 117 millions de personnes.

C'est un sujet sur lequel les négociations d'adhésion ont avancé rapidement. Dès juin 2001, tous les pays candidats ont clos le chapitre relatif aux PME.

Les bienfaits de la libéralisation sont indéniables. La création de richesses est loin de s'essouffler et les prévisions de croissance, dans ces pays, sont partout supérieures à 4 % par an. Autant de nouveaux consommateurs pour le marché européen.

Les économies des pays d'Europe centrale ont beaucoup apporté aux Quinze durant la dernière décennie et cet effet ne peut que s'accentuer.

Une étude de la Commission[1] chiffre l'accroissement annuel du produit intérieur brut lié à l'élargissement à 2 points pour les pays candidats et 1 point chez les Quinze.

L'intégration commerciale des Dix dopera leurs économies. Une bonne aubaine pour nos entreprises !

La révolution des investissements directs

Les investissements directs étrangers (IDE) chez les nouveaux adhérents ont revigoré les secteurs industriel et des services et sont en progression constante. Ils s'élevaient à un total de 70 milliards d'euro en 1998 en stock d'investissement. Ils ont atteint 3,2 milliards d'euro en 1994, 7,2 milliards d'euro en 1997, 12,2 milliards d'euro en 1999 et 24,7 milliards d'euro en 2001.

Le stock d'investissement s'établit à 115,8 milliards d'euro[2].

Mais la répartition des flux est inégale : la Pologne (40 milliards), la République tchèque (26 milliards) et la Hongrie (24 milliards) concentrent les deux tiers du stock avec une progression considérable (+ 80 %) entre 1995 et 2001.

Les investissements étrangers jouent un rôle essentiel dans l'économie des pays entrants. À court terme, ils assurent le financement des déficits courants et, à moyen terme, ils per-

1. Commission européenne, *L'Impact économique de l'élargissement*, Direction générale des Affaires économiques, mai 2001.

2. Cnuced, *Rapport sur les investissements dans le monde en 2002.*

Stocks d'IDE totaux dans les pays entrants en 2001

Pays	IDE (en milliards d'euro)
Estonie	3,2
Hongrie	23,6
Lettonie	2,2
Lituanie	2,7
Pologne	42,2
Rép. tchèque	26,8
Slovaquie	6,1
Slovénie	3,3
Chypre	2,2
Malte	3,3
Total	**115,8**

Source : Cnuced, *Rapport sur les investissements dans le monde en 2002.*

mettent une vraie modernisation des économies et du tissu industriel.

Depuis le début des années quatre-vingt-dix, les investissements étrangers ont été accélérés par les privatisations, qui sont désormais en voie d'achèvement dans les pays les plus avancés. Par exemple, en 2001, seuls 5 % des IDE entrant en Hongrie provenaient des privatisations contre 66 % en 1990. Néanmoins, les privatisations génèrent d'autres investissements même après leur réalisation, puisque généralement les contrats avec les États ou municipalités portent sur des programmes pluriannuels d'investissement en infrastructures. C'est le cas pour l'énergie, les services municipaux ou les transports. Les services publics non privatisés offrent, pour leur part, des opportunités de partenariat public-privé sous la forme très française de la gestion déléguée.

La part de la France dans les flux d'investissement était de 4,6 % en 1998. Elle est de **20,1 % en 2000** ! Nous figurons désormais parmi les plus importants investisseurs étrangers, aux côtés de l'Allemagne, avec un total de **6,44 milliards d'euro**.

La France compte 1 756 implantations en Europe centrale et orientale, qui emploient plus de 300 000 personnes.

En Pologne, premier pays d'accueil des investissements étrangers, la France est en tête. Elle a également consolidé sa première position en Roumanie (40 % industrie, 32 % services et 18 % commerce). Elle est également le premier investisseur à Malte, en raison de la présence d'une grande unité de production du groupe franco-italien ST Microelectronics. En Hongrie, la France est désormais en 3e position avec 214 filiales d'entreprises.

Les secteurs clés sont les télécommunications, la grande distribution, les industries agro-alimentaires, automobiles, chimiques ou encore énergétiques. Le savoir-faire français apporte une solide expertise aux pays candidats en participant à la modernisation du réseau autoroutier ou de l'assainissement des eaux. La France pâtit pourtant d'un déficit de PME par rapport à ses concurrents.

L'élargissement consolide l'environnement des affaires dans ces pays. La diffusion des règles et des comportements de marché est ici essentielle : le respect des engagements publics face aux investisseurs étrangers, la transparence des règles des marchés publics, l'absence de clauses de préférence nationale, la rapidité et l'indépendance du système judiciaire sont indispensables au bon fonctionnement d'une économie moderne.

Cette consolidation aura pour effet d'entraîner d'autres investissements. L'Institut économique de Kiel, dans une étude de juillet 2001 [1], estime que l'élargissement entraînera le doublement des investissements, qui pourraient s'élever à plus de **140 milliards d'euro** grâce à une consolidation de l'économie résultant de l'élargissement.

La marge de progression des opérateurs économiques français devrait dépendre également de leur capacité à tirer parti

1. Kiel Institute for World Economics, *Kiel working paper*, nº 1061, juillet 2001.

des futures actions structurelles destinées à aider ces pays. De ce point de vue, il nous reste beaucoup à faire pour que nos technologies et notre force commerciale trouvent la place qu'elles méritent dans l'économie des nouveaux adhérents.

Quant au spectre des délocalisations liées à l'élargissement, il n'a pas d'existence réelle.

Depuis des années, l'ouverture des marchés est acquise et les opérateurs y sont déjà largement installés. Les principales délocalisations ont déjà eu lieu. Les avantages comparatifs, tels que les moindres coûts salariaux, se rééquilibrent rapidement et incitent déjà beaucoup moins à la délocalisation des activités.

En même temps, le choix d'implantation de nouvelles usines pourrait favoriser la croissance économique dans ces pays et donc leur consommation de biens importés de l'Ouest. Ainsi Renault a choisi la Turquie pour la fabrication de certains de ses modèles et le groupe PSA vient d'annoncer la création en Slovaquie d'une nouvelle usine d'une capacité de 300 000 voitures par an pour un investissement de 700 millions d'euro.

Les délocalisations au sein de l'Europe élargie sont donc plutôt une chance pour nos économies. Sans l'élargissement, elles auraient eu lieu, mais en dehors du grand marché.

Or, avec l'élargissement, l'interdépendance de nos économies se renforcera et sera, à n'en pas douter, un nouveau facteur de croissance partagée.

Chacun devrait y gagner et l'économie française spécialement, qui dispose de grandes marges de progression chez les nouveaux adhérents.

Des économies solides

En 2002, le ralentissement économique mondial et la situation en Allemagne auront finalement eu un impact limité sur les économies des pays d'Europe centrale, dont le moteur de la croissance a été la consommation privée.

En 2000 et 2001, leurs performances et celles de l'UE étaient plutôt en phase. À partir du second semestre 2002, une déconnexion s'opère. Leur croissance est plus soutenue (3 % en moyenne).

Les Pays baltes et la Slovaquie connaissent des taux de croissance élevés (5-7 %) qu'ils maintiendront en 2003-2004, alors que la Hongrie et la Slovénie (les deux élèves les mieux préparés pour l'adhésion) tablent sur 3 %. Même la Pologne, qui a connu une stagnation en 2001, a redémarré avec une accélération constatée à la fin de l'année 2002, et sa croissance devra s'établir entre 2,5 et 3,5 %, selon la Commission européenne.

Dans un contexte de demande extérieure faible, c'est l'accélération de la consommation interne qui est à l'origine de la croissance, comme en Hongrie, en Slovaquie et dans les Pays baltes. Cet appétit a été stimulé par une hausse salariale notable en Hongrie (secteur public) et en Slovaquie, et aussi par un essor des crédits aux particuliers. La hausse de la demande interne attendue est de 3,2 % en 2003 et 4,3 % en 2004 pour les dix pays de l'élargissement. Cette hausse sera spectaculaire dans les Pays baltes, mais également en Pologne (de 1 % en 2002 à 5 % prévus en 2004).

La contribution de l'investissement à la croissance a varié selon les pays. Modeste en Slovaquie et Pologne, elle a stimulé la croissance en Estonie (hausse de 18 %), en Lituanie et en Hongrie.

En 2003, la croissance de l'investissement devrait se stabiliser (3 %) avant de retrouver en 2004 un rythme plus élevé et proche du potentiel de ces pays (4 % en moyenne).

Les exportations ont progressé en dépit d'une appréciation sensible des devises et d'une conjoncture internationale dégradée.

Un des facteurs de cette performance réside dans des gains de productivité proches des 6 % annuels dans le secteur industriel, le plus exposé à la concurrence internationale, et dans l'amélioration de la qualité des produits.

Les échanges avec l'UE ont maintenu leur rythme, malgré le recul, en 2002, des importations globales de l'Union. Les pays adhérents ont gagné des parts de marché en Europe.

La désinflation a également marqué des points en 2002. En rythme annuel, plusieurs pays ont un taux d'inflation proche (Slovaquie, Estonie), voire inférieur (Lettonie, Lituanie, Pologne, République tchèque) à celui de la zone euro (2,3 %).

La contrepartie négative des bonnes performances obtenues en termes de croissance est l'aggravation des déficits budgétaires. À l'exception de l'Estonie et de la Lituanie, tous les pays de la zone ont connu un déficit budgétaire important en 2002 (la Hongrie : 9,6 %, Slovaquie : 6,7 %). Ce relâchement est en partie lié aux échéances électorales, législatives en Hongrie, République tchèque, Slovaquie, Lettonie, et municipales en Pologne. Si une partie de ces déficits est attribuée à un assainissement du passé, leur réduction risque de se faire à un rythme plus lent que prévu, notamment dans les quatre pays de Visegrad.

La perspective d'adhésion en 2004 continue de soutenir la croissance économique. Les nécessaires réformes structurelles, la reprise de l'acquis et l'amélioration des capacités administratives renforcent l'efficacité des économies et leur potentiel de croissance. De plus, la stabilité politique et économique augmente la confiance des investisseurs locaux et internationaux.

Prévisions au printemps 2003 pour les dix nouveaux entrants

En %	2001	2002	2003	2004
Croissance PIB	2,5	2,4	3,1	4,0
(UE-15)	(1,6)	(1,0)	(1,3)	(2,4)
(Allemagne)	(0,6)	(0,2)	(0,4)	(2,0)
Inflation	5,9	2,7	2,7	3,3
Chômage	14,4	15,0	15,3	14,7
Déficit budgétaire	3,7	5,3	4,4	3,9

Source : Commission européenne, DG Affaires économiques.

La consolidation des économies des pays d'Europe centrale a également pour effet l'émergence de firmes multinationales, créées à partir de capitaux locaux. Elle reste limitée en nombre et concentrée géographiquement, avec un montant de 10 milliards d'euro d'investissement sortant des PECO.

Cependant rapportés au PIB, ceux-ci deviennent considérables. Les 400 millions d'euro investis depuis l'Estonie placent le pays en tête de la région (5 % du PIB), devant la Hongrie et la Slovénie (4,5 %).

Ces capitaux se dirigent vers les pays frontaliers. Ainsi, le partenaire naturel de la République tchèque est la Slovaquie. Les secteurs dominants sont le secteur bancaire pour l'Estonie et la République tchèque, alors que les industries pharmaceutique et énergétique dominent en Hongrie et en Slovénie.

L'euro en avant-garde

L'entrée des pays adhérents dans l'euro doit reposer sur une convergence réelle de leurs économies.

Les Dix adhéreront, en 2004 et pour une période d'au moins deux ans, au système monétaire européen. Cela devrait leur permettre de limiter les variations de leurs monnaies nationales à une marge de fluctuation de 15 % autour d'un taux « pivot » entre chaque monnaie et l'euro. Durant cette période, ces pays pourront continuer de conduire une politique monétaire autonome. À condition de respecter les critères de Maastricht, ils pourront, par la suite, adopter la monnaie unique européenne.

La volonté manifeste d'accéder le plus tôt possible à l'espace de prospérité européen n'est pas sans risque pour les pays d'Europe centrale et orientale.

La majorité des pays candidats sera rapidement en mesure de respecter les critères de Maastricht et ainsi de rentrer dans la zone euro. Cependant, l'adoption de la monnaie unique renforcerait les contraintes de leur politique macroéconomique et ils ne pourraient plus utiliser la politique monétaire et les ajustements de change pour faire face à des chocs éventuels.

De nombreuses institutions financières ont donc mis en garde les pays entrants pour qu'ils ne précipitent pas leur adhésion à la zone euro.

La participation à l'euro des pays économiquement les plus stables parmi les dix nouveaux est envisagée à partir de 2008.

II

Le processus d'élargissement

Lorsqu'on se penche sur le processus d'élargissement, on a souvent l'impression que les experts compliquent tout à l'envi de telle manière qu'on n'y comprenne plus rien.

Il est vrai que la procédure et la technique sont compliquées. La chronologie aussi est difficile à suivre.

Le sentiment prévaut d'avoir inventé un processus très complexe pour une idée très simple.

De Copenhague à Copenhague

Le 22 juin 1993, les chefs d'État et de gouvernement des Quinze, réunis en Conseil européen à Copenhague, prennent la décision de principe d'élargir l'Union européenne aux pays d'Europe centrale et orientale : il faut prendre acte de la chute du Mur de Berlin. Moralement, l'Europe se doit de tendre la main à ceux sur qui était tombé le Rideau de fer. Il est souhaitable et stratégique de mettre fin à la division du continent européen.

Les grandes dates du processus d'élargissement

* Sommet de Copenhague, 22 juin 1993 : définition des règles.
* Sommet de Luxembourg, 12-13 décembre 1997 : lancement des négociations avec six pays.
* Sommet d'Helsinki, 10-11 décembre 1999 : extension des négociations à douze pays.
* Sommet de Nice, 7-9 décembre 2000 : une feuille de route pour l'élargissement.
* Sommet de Laeken, 14-15 décembre 2001 : le « big bang », un élargissement prévu à dix pays.
* Sommet de Copenhague, 12-13 décembre 2002 : achèvement des négociations et décision.
* Sommet d'Athènes, 16 avril 2003 : signature des traités d'adhésion.
* Présidence irlandaise, 1er mai 2004 : adhésion officielle des dix nouveaux membres.

Neuf ans plus tard, les négociations d'adhésion avec les dix pays candidats que sont la Hongrie, la Pologne, la République tchèque, la Slovaquie, la Slovénie, l'Estonie, la Lettonie, la Lituanie, Chypre et Malte se sont closes.

En 1993, les États membres décident de fixer des critères (dits « critères de Copenhague ») en fonction desquels sera jugée la préparation des pays qui veulent rejoindre l'Union européenne. Ils sont au nombre de trois :

- Disposer d'institutions stables garantissant la démocratie, la primauté du droit, les droits de l'homme, le respect des minorités et leur protection.
- Disposer d'une économie de marché viable et capable de faire face à la pression concurrentielle et aux forces du marché à l'intérieur de l'Union européenne.
- Disposer d'institutions susceptibles d'assumer les obligations de l'adhésion à l'Union, la reprise et l'application de l'acquis communautaire, et de souscrire aux objectifs de l'Union politique, économique et monétaire.

Bien avant Copenhague, les pays de l'Union ont affirmé leur volonté de rapprochement avec les pays d'Europe centrale et orientale. Une fois l'aide financière PHARE mise en place dès 1990, les bases juridiques de la coopération ont été posées sous forme d'accords d'association, dits également accords européens.

Les accords d'association signés entre l'Union européenne et chacun des pays candidats constituent la base juridique du processus d'adhésion. C'est le premier pas vers l'Union. La signature de ces accords s'est échelonnée entre fin 1991 et juin 1996. Pour les membres de l'Union européenne, il s'agissait d'un geste fort envers ces nouveaux partenaires. Pour ces derniers, c'était la preuve de leur engagement européen.

De même, trois autres pays méditerranéens aspirent alors à rejoindre l'Union européenne.

Les accords d'associations

Pays	Signature de l'accord européen	Entrée en vigueur
Turquie	Septembre 1963	Décembre 1964
Malte	Décembre 1970	Avril 1971
Chypre	Décembre 1972	Juin 1973
Hongrie	Décembre 1991	Février 1994
Pologne	Décembre 1991	Février 1994
Bulgarie	Mars 1993	Février 1995
Rép. tchèque	Octobre 1993	Février 1995
Roumanie	Février 1993	Février 1995
Slovaquie	Octobre 1993	Février 1995
Estonie	Juin 1995	Février 1998
Lettonie	Juin 1995	Février 1998
Lituanie	Juin 1995	Février 1998
Slovénie	Juin 1996	Février 1998

On ne doit pas oublier que le premier pays à avoir signé un accord d'association est la Turquie en 1963, suivie de Malte et de Chypre. Ils ont également déposé leur candidature officielle en 1987 pour Ankara, en 1990 pour les deux îles.

Dates d'introduction des candidatures à l'UE

Turquie	14 avril 1987
Chypre	3 juillet 1990
Malte	16 juillet 1990
Hongrie	31 mars1994
Pologne	5 avril 1994
Roumanie	22 juin 1995
Slovaquie	27 juin 1995
Lettonie	13 octobre 1995
Estonie	24 novembre 1995
Lituanie	8 décembre 1995
Bulgarie	14 décembre 1995
Rép. tchèque	17 janvier1996
Slovénie	10 juin 1996

Motivés par la décision du Conseil européen de Copenhague, en 1993, les pays d'Europe centrale introduisent leur candidature officielle à l'Union européenne.

Le sommet de Luxembourg est un moment historique pour le processus d'élargissement. En décembre 1997, les Quinze décident de lancer les négociations d'adhésion avec les six pays alors jugés les plus avancés dans le respect des critères de Copenhague : Chypre, Estonie, Hongrie, Pologne, République tchèque et Slovénie. Les négociations sont lancées en mars 1998 selon le principe de différenciation : chacun avance à son rythme dans la négociation en fonction des progrès effectivement constatés.

L'extension du processus d'adhésion est décidée lors du sommet d'Helsinki en décembre 1999. Les négociations sont ouvertes avec six nouveaux candidats qui n'avaient pas été précédemment retenus : Bulgarie, Lettonie, Lituanie, Malte, Roumanie et Slovaquie. Parallèlement, la Turquie est reconnue officiellement candidate, sans pour autant que des négociations d'adhésion soient engagées.

L'accélération des négociations d'adhésion s'effectue lors du sommet de Nice en décembre 2000. Une stratégie fondée sur une feuille de route est adoptée, fixant un calendrier avec des chapitres à traiter, semestre par semestre, pour les deux années à venir, et une méthode pour traiter les demandes de périodes transitoires.

Souhaitée par les pays candidats, l'idée de fixer des échéances d'adhésion a longtemps été écartée par les Quinze. L'un des scénarios était la « régate », prévoyant plusieurs adhésions successives par petits groupes de pays en fonction de leur état d'avancement. Celui-ci ne fut pas retenu.

Le Conseil européen de Laeken (décembre 2001) a repris à son compte le scénario du « grand élargissement » en faveur de l'adhésion simultanée des dix pays les plus avancés, dès 2004, afin de leur permettre de participer aux élections au Parlement européen en juin 2004.

L'élargissement prend alors toute sa dimension politique.

Au sommet de Copenhague en décembre 2002, les négociations sont déclarées closes avec dix pays candidats, laissant la place au processus de signature et de ratification des traités d'adhésion dans l'année 2003. Leur adhésion est entérinée.

Il fixe le calendrier pour l'adhésion ultérieure de la Bulgarie et de la Roumanie.

Une aventure mouvementée jusqu'en 2005

Avant la clôture des négociations, les dix pays souhaitant adhérer à l'Union européenne étaient appelés « pays candidats ». Ils deviennent « pays entrants » à partir du sommet de Copenhague. Puis, depuis la signature du traité d'adhésion, leur statut officiel est celui d'« observateurs actifs », et cela jusqu'en mai 2004.

À partir du 6 mai 2003, date du Conseil « Éducation, Jeunesse, Culture », les représentants des dix pays participent aux réunions de niveau ministériel et aux travaux du Conseil en tant qu'observateurs, avec la possibilité de prise de parole, mais sans droit de vote.

Au Parlement européen, les nouveaux membres ne pourront pas envoyer de représentants élus avant les élections européennes du 14 juin 2004. Le Parlement a donc décidé d'inviter 162 « observateurs » dès la signature du traité d'adhésion.

Ces nouveaux venus ont notamment choisi à 42 % (69 députés observateurs) le groupe du Parti populaire européen (PPE), suivi du groupe PSE (socialiste) avec 36 % (58 observateurs) ; 18 % (13) rejoindront le groupe des libéraux, les souverainistes accueillant 2 personnes alors que les Verts ne recrutent qu'un « député observateur », originaire de Lettonie.

Temporairement, le nombre des députés passe de 626 à 788. Ces quasi-députés ne disposent pas de statut officiel ; ils n'ont que des droits limités. Ils assistent aux sessions plénières, mais sans droit à la parole ni aux votes. Leurs frais de déplacement sont remboursés et une indemnité journalière leur est allouée.

La Commission a le droit d'inviter des représentants aux différents groupes de travail et commissions.

2003 et 2004 : l'acclimatation

La machine de l'élargissement est relancée dès les premiers mois de 2003.

En premier lieu, c'est la Commission européenne, plus précisément le Collège des commissaires, qui doit avaliser l'intégration des dix nouveaux membres dans l'Union européenne. C'est chose faite dans la semaine du 17 février 2003.

Dans ce « processus de validation », le Parlement européen était la seule instance européenne à se prononcer sur l'adhésion pays par pays.

Le dossier passe premièrement devant la commission des Affaires étrangères du Parlement européen qui donne son aval au processus le 20 mars 2003. À ce stade, la Pologne recueille le plus de votes négatifs (4 contre, 53 pour et 3 abstentions), les autres pays recueillant 2 votes contre. La Hongrie et Malte sont les plus favorisés.

Le Parlement européen, réuni en session plénière, passe au vote le 9 avril 2003.

Ce vote, précédé de l'adoption du rapport sur l'élargissement du député Elmar Brok (458 pour, 68 contre, 41 abstentions, 567 votants), donne le feu vert à l'adhésion des dix pays, envoyant ainsi un signal fort aux citoyens européens.

La République tchèque recueille le moins de votes favorables (489) et le plus de voix défavorables et d'abstentions (39 et 37). Ce résultat trouve son explication dans les « décrets Benes » datant de 1946, maintenus en vigueur dans la législation tchèque, qui ont suscité la réprobation des députés[1]. La déclaration du président de la République tchèque, Vaclav Klaus, condamnant la déportation des Allemands des Sudètes n'a su que modérément infléchir le sentiment des députés.

La Hongrie, la Lettonie et la Slovénie remportent le premier prix avec 522 votes favorables.

Les référendums[2]

L'adhésion des nouveaux États à l'Union ne peut pas se passer de l'adhésion des citoyens à un projet d'une telle importance.

Les pays candidats ont donc été contraints d'organiser, durant l'année 2003, des référendums populaires[3].

Les leaders nationaux ont choisi de recourir au référendum, bien qu'ils n'y fussent pas obligés, sauf en Lettonie et en Slovénie, par leurs Constitutions. Plus curieux, à Malte, le résultat du référendum ne lie pas juridiquement le gouvernement.

Trois pays ont choisi de demander le consentement de leurs électeurs avant même la signature du traité d'adhésion. Ainsi, les dirigeants de Malte, de la Slovénie et de la Hongrie ont pu se rendre à Athènes avec « l'accord populaire » en poche, puisque leurs électeurs n'ont pas manqué ce rendez-vous historique : 53,6 % de oui à Malte, 89,6 % en Slovénie et 83,7 % en Hongrie.

---

1. Voir la synthèse n° 59 de la Fondation Robert Schuman.
2. Voir le tableau exhaustif des résultats en annexe n° 3, p. 267.
3. Seul Chypre ne prévoit pas de référendum jusqu'à ce jour, à cause de la division de l'île.

Le faible score en faveur de l'élargissement à Malte trouve son explication dans le système politique maltais qui connaît un bipartisme radical et où l'opposition socialiste s'est prononcée ouvertement contre l'adhésion. Cependant, la mobilisation des citoyens a atteint 91 % de participation. Profitant de ce souffle, le gouvernement a organisé des élections législatives anticipées qu'il a remportées haut la main : Vive l'Europe !

En Slovénie et en Hongrie, les principales formations politiques avaient appelé à voter oui et seuls quelques rares partis extrémistes avaient exprimé leur hostilité à l'intégration dans l'Union européenne. Malgré une approbation proche des 90 %, l'abstention a atteint 45 % en Slovénie, 55 % chez les Hongrois. Voilà une maladie bien européenne !

Plusieurs pays ont choisi d'organiser la consultation sur deux jours. C'est le cas de la Slovaquie, de la République tchèque et de la Pologne. La Constitution polonaise exige, de surcroît, une participation de 50 %.

L'organisation d'un référendum comporte également un coût. Ainsi, la Slovaquie a dépensé 1,24 million d'euro pour la campagne pro-européenne, alors que la Lettonie a dépensé 600 000 euro pour le référendum du 20 septembre.

Signature et ratification

Le 16 avril 2003 est une date que l'Histoire retiendra !

Le traité d'adhésion des dix nouveaux membres a été signé à Athènes, au pied de l'Acropole, lors d'une cérémonie solennelle, rassemblant les chefs d'État et de gouvernement des vingt-cinq pays, leurs ministres et négociateurs, ainsi que les représentants des autres candidats, des pays de l'EEE, la Russie, l'Ukraine et la Moldavie, soit 41 chefs d'État au total en présence du secrétaire général de l'ONU.

L'ordre des signataires était le suivant : Belgique, République tchèque, Danemark, Allemagne, Estonie, Grèce, Royaume-Uni, Espagne, France, Irlande, Italie, Chypre, Lettonie, Lituanie, Luxembourg, Hongrie, Malte, Pays-Bas, Autriche, Pologne, Portugal, Slovénie, Slovaquie, Finlande, Suède.

Ce traité de 4 900 pages, rédigé dans les vingt langues officielles de la future Union, détaille les termes et les conditions de l'adhésion ainsi que les arrangements transitoires, tout en apportant de nombreuses modifications administratives à des règles européennes.

Ratification par les États membres

Les États membres doivent également se prononcer sur le traité d'adhésion, signé à Thessalonique.

Les parlementaires danois et allemands l'ont déjà ratifié, respectivement le 4 juin et le 11 juillet 2003, alors que les députés de Westminster ont discuté le dossier. Ce processus, qui ne causera probablement pas de surprises majeures, devra se clore durant l'automne 2003.

Un vrai parcours du combattant

Depuis le début, le processus d'élargissement est à la fois politiquement simple et techniquement compliqué.

À Luxembourg, en 1997, chaque pays candidat a été invité à accepter un programme national d'adoption de l'acquis définissant la manière dont il entend respecter le partenariat pour l'adhésion, et précisant le calendrier de mise en œuvre de ses priorités et les incidences en termes de ressources financières et humaines. Ce programme est révisé périodiquement afin de tenir compte des progrès réalisés et de définir de nouvelles priorités.

L'acquis à transposer par les pays candidats est évalué à 80 000 pages du *Journal officiel des Communautés européennes*. Les négociations portent pour chacun des douze pays candidats sur les trente et un chapitres qui composent « l'acquis communautaire ».

Les chapitres de négociations :
30 + 1 (pour les questions diverses)

1/ Libre circulation des marchandises	16/ PME
2/ Libre circulation des personnes	17/ Sciences et recherche
3/ Libre prestation des services	18/ Éducation et formation
4/ Libre circulations des capitaux	19/ Télécommunications et technologies de l'information
5/ Droit des sociétés	20/ Culture et audio-visuel
6/ Concurrence	21/ Politique régionale
7/ Agriculture	22/ Environnement
8/ Pêche	23/ Protection des consommateurs
9/ Transports	24/ Justice et affaires intérieures
10/ Fiscalité	25/ Union douanière
11/ UEM	26/ Relations extérieures
12/ Statistiques	27/ PESC
13/ Politiques sociales et emploi	28/ Contrôle financier
14/ Énergie	29/ Dispositions financières
15/ Politique industrielle	30/ Questions institutionnelles

Avant d'engager les négociations sur le fond, la Commission, à la demande du Conseil européen de Luxembourg, a organisé l'examen analytique de l'acquis communautaire. Ce « screening » avait pour objectif d'expliquer le contenu de l'acquis chapitre par chapitre pour en faciliter la reprise, mais également de mesurer les difficultés des pays candidats à les appliquer, faute de structures nécessaires.

Le screening, pour les six premiers pays, s'est déroulé d'avril à octobre 1998 et a concerné 16 chapitres sur les 31.

C'est au Conseil « Affaires générales » du 5 octobre que l'Union a décidé d'engager les premières négociations de fond sur six des sept chapitres (recherche, télécommunications, éducation, culture, politique industrielle, PME et PESC). Pour chacun d'entre eux et pour chaque pays candidat, la Commission a soumis au Conseil un projet de position commune.

Négociations sous surveillance

L'examen des progrès accomplis par chaque État candidat pour adopter l'acquis de l'Union fait l'objet, pour chacun d'eux, de rapports réguliers de la Commission au Conseil depuis la fin 1998.

Ce rapport décrit l'état des relations entre un pays candidat et l'Union, analyse la situation par rapport aux conditions politiques et économiques fixées par le Conseil européen. Il examine la capacité d'un pays à assumer les obligations résultant de l'adhésion, c'est-à-dire à reprendre et appliquer « l'acquis » tel qu'il découle des traités, du droit dérivé et des politiques de l'Union.

Le rapport fait le bilan des capacités judiciaires et administratives nécessaires pour conduire une vraie politique communautaire. En 1995, par exemple, elles ont été jugées insuffisantes.

Concernant la reprise de l'acquis communautaire, des efforts considérables ont été consentis depuis le début du processus. Les pays candidats ont dû élaborer et mettre en place des programmes nationaux d'harmonisation juridique qui se sont traduits par une production législative impressionnante. L'accord d'association mentionne quelque 470 lois communautaires dont l'esprit et le contenu doivent être transposés d'ici l'adhésion. Une vraie course contre la montre s'ensuivit.

Les parlements des nouveaux adhérents ont adopté, en moyenne, plus de 100 lois par an. À titre de comparaison, la France, sous la législature précédente, a adopté, en moyenne, 44 lois par an.

Il a fallu légiférer dans des domaines clés tels que la libre circulation des biens, les marchés publics, les assurances, la propriété intellectuelle et, dans de nombreux cas, procéder à des modifications constitutionnelles.

Globalement, l'harmonisation est un succès. La pression européenne qu'exige la reprise de l'acquis a souvent contribué à débloquer certains sujets qui étaient dans l'impasse à cause de divergences politiques internes.

L'autre chantier d'envergure a été la mise en place des structures administratives destinées à appliquer les mesures communautaires. Il s'agit, par exemple, des agences de paiement chargées de verser et de contrôler les aides directes agricoles et à qui est confiée la distribution régionale des fonds structurels.

La justice est au cœur des transformations. Si nos conceptions juridiques se ressemblent, l'aptitude des tribunaux à appliquer le droit communautaire a dû faire l'objet de vigoureux efforts et la formation des magistrats a nécessité un investissement humain et financier tout particulier.

Ces démarches d'adaptation ont été appuyées par les instances communautaires et par les pays membres qui se sont tous impliqués dans l'assistance aux nouveaux.

Cette aide s'est concrétisée par des « jumelages institutionnels » : un État membre, après appel d'offre, conseillait l'État candidat en question pour ses transformations structurelles dans un domaine précis.

Au total, on dénombre 826 jumelages, dont 170 pour l'Allemagne, 129 pour la France et 105 pour le Royaume-Uni. Le nombre d'interventions le plus élevé concerne la Pologne avec 167 jumelages au total, suivi de la République tchèque (102) et de la Hongrie (93). Les principaux secteurs d'intervention ont été les finances publiques, y compris la fiscalité, les douanes et le marché intérieur (162 jumelages au total), la justice et les affaires intérieures (144 jumelages au total), l'agriculture, y compris les projets dans les domaines vétérinaire et phytosanitaire (113 jumelages au total).

Outre les parlements, ce processus a mobilisé l'ensemble des administrations. Le programme de reprise de l'acquis fait également le bilan des besoins en ressources humaines des administrations.

À titre d'exemple, la Hongrie a prévu, pour les années 2002 et 2003, le recrutement de 7 290 fonctionnaires rien que pour faire face à ses obligations en matière de justice, d'affaires intérieures, de politique agricole et de politique sociale. Cela représente 3,6 milliards d'euro financés, à parts égales, par le budget national et par des aides communautaires.

L'acquis communautaire a été divisé en 31 chapitres, qui sont successivement ouverts, négociés et clôturés quand il est possible de parvenir à un accord. La négociation est considérée comme terminée lorsque l'ensemble des chapitres est clos.

Chaque pays a négocié individuellement et à un rythme soutenu. Des rencontres ont eu lieu à plusieurs niveaux, à un rythme trimestriel pour le niveau ministériel et bimestriel pour les chefs négociateurs (les ambassadeurs des États à Bruxelles). À cela se sont ajoutés les échanges de vues techniques et quasi quotidiens entre fonctionnaires des différents groupes de travail.

Il faut être conscient des efforts que représentent ces négociations pour les pays candidats. Ils ont dû bouleverser nombre de leurs règles, tout en acceptant d'être régulièrement et publiquement notés ! L'exercice fut, pour le moins, stimulant.

Cette négociation a, de surcroît, pris rapidement un tour très technique et donc plus compliqué. La Commission et ses fonctionnaires ont joué un rôle capital dans ces négociations en allant jusqu'à s'installer sur place pour des « rounds » de discussion.

Les intérêts individuels de chacun des quinze membres de l'Union ont été préservés par le caractère intergouvernemental des négociations. Pour définir les positions communes, chaque État membre pouvait introduire des sujets qui le concernaient plus particulièrement. Cela n'a pas toujours simplifié les négociations ! La Commission était chargée d'évaluer les réponses.

Du côté des pays candidats, le parcours du combattant est

devenu de plus en plus complexe comparé aux élargissements précédents.

Dans un premier temps, la Communauté s'était contentée d'une simple acceptation juridique de l'acquis (Grèce). Ensuite, elle a mis l'accent sur les procédures de vérification de la reprise de l'acquis, non seulement en termes juridiques, mais en termes pratiques.

Plusieurs mesures transitoires ont été décidées lors des négociations.

Elles doivent être limitées dans le temps et être accompagnées d'un plan définissant les étapes d'application de l'acquis. De plus, elles ne peuvent pas entraîner de modifications des règles et des politiques de l'Union. Des mesures transitoires nombreuses ont été conclues tant à la demande des pays candidats (190) que de l'Union (28).

Pour les pays candidats, elles concernent les domaines où l'entrée en vigueur des règles communautaires exige d'importants investissements. Il s'agit par exemple de la construction d'usines de traitement des eaux usées (la période transitoire la plus longue qui prendra fin en 2015) ou de la constitution de réserves stratégiques de pétrole. À titre d'exemple, la mise à niveau environnementale de la Pologne est estimée à 40 milliards d'euro, soit le total du budget consacré aux dix pays entrants.

Par ailleurs, des restrictions ont été temporairement imposées à la libre circulation des capitaux destinés à l'achat de terres dans les futurs États membres pour éviter que la propriété des terres ne change de mains du fait de l'Europe.

À la demande de l'Union, des restrictions temporaires ont été prévues en ce qui concerne la libre circulation des travailleurs des futurs États membres ou la protection des droits de propriété industrielle pour les produits pharmaceutiques.

La pression normative a joué un rôle non négligeable dans l'évolution des pays de la région.

Si les pays candidats avaient à prouver leur engagement

européen, nous devons considérer que ce qu'ils ont réalisé ces dernières années suffirait à les qualifier.

En termes politiques, on imagine en effet la déstabilisation qui s'ensuivit pour nombre de gouvernements, mis à l'index par la Commission sur tel ou tel sujet, ou devant affronter le mécontentement de catégories entières de leur population pour des motifs européens.

N'oublions jamais que la plupart de ces pays ont retrouvé, dans les années quatre-vingt-dix, une souveraineté qui leur avait été niée par l'Union soviétique. Le premier exercice qu'on leur impose est de sacrifier une partie de leurs attributs récupérés ! Et de le faire publiquement !

Ils l'ont pourtant fait, tant pour leur adhésion à l'OTAN, qui exige des efforts de réorganisation militaire considérables, que pour leur entrée dans l'Union européenne, qui nécessite de rebâtir le droit, la justice et l'administration !

On ne dira jamais assez combien ils ont été courageux et leurs dirigeants aussi.

Leur désir d'appartenir au monde occidental, trop longtemps refoulé et quasiment d'ordre mythique, peut désormais s'exprimer et se concrétiser sans passer par un rapport de force belliqueux.

Pour les citoyens de ces pays, l'élargissement, c'est le retour en Europe. Politiquement, ils réalisent leur droit moral et historique à participer pleinement à la définition de la politique européenne. Mais de l'Europe, ils attendent, avant tout, la prospérité économique.

Au début des années quatre-vingt-dix, l'Union européenne a été perçue, en effet, dans les pays d'Europe centrale, comme une structure d'intégration à vocation économique.

Après l'effondrement du communisme, la première priorité de ces États a été d'éviter pour l'avenir toute tentation hégémonique du grand frère russe dont ils ont appris, à juste titre, à se méfier. Voilà pourquoi ils ont tous souhaité entrer dans l'OTAN, seule capable aujourd'hui de garantir leur sécurité et leur indépendance.

Mais l'évolution de la Russie et de la situation internationale, le débat sur l'avenir de l'Europe, auquel ils sont associés grâce à la Convention, et la volonté de l'Union de renforcer son intégration leur ont fait prendre conscience que l'Union européenne est aussi un projet politique auquel elle leur propose de s'associer.

Marchandages et résultats

Pour que l'adhésion puisse être qualifiée d'efficace et de juste, de nombreuses périodes transitoires et des concessions ont été accordées aux pays entrants comme ce fut le cas lors des négociations avec l'Espagne et le Portugal.

Neuf protocoles et quarante-quatre déclarations communes ou unilatérales sont insérés dans le traité d'adhésion.

Quatre de ces protocoles résultent des positions de la présidence danoise sur le démantèlement des centrales nucléaires en Lituanie et en Slovaquie, sur les conditions de transit des ressortissants de Kaliningrad et sur la législation en matière d'avortement à Malte. Les autres concernent la dérogation permanente accordée à Malte pour maintenir des restrictions aux acquisitions de résidences secondaires, les bases militaires britanniques à Chypre (Akrotiri et Dhekelia), les amendements aux statuts de la Banque européenne d'investissement et la restructuration des industries de l'acier en Pologne et en République tchèque.

Quarante-quatre déclarations sont annexées au traité, notamment celle de « Une seule Europe[1] », signée par les vingt-cinq membres, rappelant le caractère « continu, inclusif et irréversible » du processus d'élargissement, surtout vis-à-vis de la Roumanie et la Bulgarie.

1. Voir la déclaration en annexe n° 4, p. 268.

Officiellement, les négociations ont été closes à Copenhague. Toutefois, plusieurs pays candidats ont affiché clairement leur volonté de joindre diverses déclarations au traité d'adhésion avant la signature de celui-ci.

La requête de la Pologne à propos de la moralité publique a été entendue. Cette déclaration unilatérale spécifie qu'aucune législation communautaire ne devra contrevenir au droit de la Pologne à légiférer sur la « protection de la vie humaine ». Cela a suscité une contre-déclaration des Quinze, rappelant que la déclaration en question ne pouvait être interprétée dans un sens contraire aux obligations des États membres découlant du traité et de l'acte d'adhésion.

Les négociations d'adhésion demeurent un grand marchandage où chacun tente de défendre ses intérêts, de gagner du temps et de permettre les transitions nécessaires.

Ce déballage peu glorieux est pourtant aussi la réalité européenne de tous les jours. Il est la preuve de l'efficacité de l'Europe telle que nous l'avons construite.

Il n'y a pas de sujet tabou. Tout le monde peut être entendu et satisfait si ses préoccupations ne remettent pas en cause l'équilibre général.

Agriculture, pêche, chasse

À Bruxelles, les 24 et 25 octobre 2002, le Conseil européen a établi un calendrier progressif pour le versement des aides directes aux agriculteurs des pays d'Europe centrale et orientale. Ce calendrier, intégralement repris à Copenhague, prévoit d'échelonner ces paiements sur onze ans. En 2004, 25 %, 2005, 30 %, 2006, 35 %, 2007, 40 % et 10 % de plus chaque année avant d'atteindre les 100 % en 2013. Cela pour deux raisons : éviter l'explosion du budget de la PAC et encourager la restructuration des exploitations agricoles.

Cependant, les pays candidats ont revendiqué une égalité

de traitement avec les États membres. Ils ont souhaité pouvoir compléter ces financements par des aides nationales.

En réponse à cette requête, la Commission a proposé un système de compléments de financement qui permet d'augmenter les aides agricoles à partir d'autres sources, notamment de fonds européens de développement rural et de fonds nationaux.

Ces compléments pourront atteindre 55 % du taux plein communautaire en 2004, 60 % en 2005 et 65 % en 2006. Pour une année donnée, 20 % de ce complément pourraient être prélevés sur les fonds de développement rural de chacun des pays. À compter de 2007, les nouveaux membres pourront continuer de fournir un complément de 30 % au-dessus du taux des paiements communautaires, étant entendu que ce complément sera entièrement financé par des ressources nationales.

En tout état de cause, le solde budgétaire du chapitre agricole approche les 10 milliards d'euro de crédits d'engagement.

Des négociations plus techniques, mais aussi douloureuses, ont porté sur les différents quotas de produits agricoles (quotas laitier, sucrier, d'isoglucose, de pommes de terre, de tomates, et pour les importations les quotas de riz et de bananes).

Afin d'illustrer la difficulté du compromis dans ce domaine, rappelons le cas de la Pologne qui a dû accepter de réduire sa production laitière de manière notable. Aujourd'hui, à consommation constante, le quota laitier négocié lui permet d'obtenir un équilibre entre sa production et sa consommation internes. Dès lors que sa consommation augmentera, elle devra recourir à des importations de l'Union, alors que son potentiel actuel lui permettrait de combler largement la différence.

Le chapitre agricole, réputé politiquement sensible, a été négocié jusqu'à la dernière minute au Conseil européen. Les compromis étaient difficiles puisqu'il s'agissait d'inclure dans le mécanisme de la Politique agricole commune dix nouveaux pays dont certains avec des populations rurales importantes (Pologne 20 %, Lituanie 16 %, Lettonie 15 %).

De nouvelles appellations contrôlées s'ajoutent à celles existant déjà en Europe.

La Pologne aura l'exclusivité de la production de la vodka aromatisée à l'herbe de bison et de la « Polish Cherry », une liqueur à la cerise, boissons déjà présentes sur les rayons des magasins européens. De plus, le nom « vin polonais » est accepté pour des produits fermentés et faits à base de jus de raisin et de moût concentrés. Il ne pourra être en vente que dans la seule Pologne.

En ce qui concerne la Hongrie, la qualité de « spiritueux » est reconnue à la « Pálinka », boisson traditionnelle (et un peu forte !) à base de prune, d'abricot ou de cerise et seule l'orthographe hongroise fait foi !

La chasse et la pêche préoccupaient deux pays de la Baltique, l'Estonie et la Lettonie, qui ont une tradition de pêche aux harengs et de chasse au lynx ! Même eux ont obtenu satisfaction : la pêche traditionnelle des harengs baltiques de petite taille dans leurs eaux territoriales est autorisée pour la consommation personnelle. Quant au lynx estonien, il n'a qu'à compter ses abattis : la chasse reste ouverte !

Libre circulation des capitaux

Il s'agit d'une des libertés fondamentales du Marché commun européen. Les États candidats ont unanimement exprimé le souhait de disposer de périodes transitoires afin d'éviter l'éventuel rachat par des capitaux occidentaux de terres agricoles infiniment moins chères que dans les États membres, causant ainsi des perturbations sur le marché foncier.

L'Union européenne a donc accepté de limiter le flux des capitaux vers les nouveaux membres en leur octroyant une période transitoire de sept ans, qui peut être prolongée de trois ans supplémentaires afin de protéger leurs marchés. Cette règle concerne la Hongrie, la République tchèque, la Slovaquie et les Pays baltes, alors que la Pologne a obtenu une dérogation pour douze ans.

Fonds structurels

Les fonds structurels représentent les dépenses les plus importantes de l'élargissement. Le projet budgétaire établi en début d'année 2002 a fixé à 25,5 milliards d'euro le montant des aides structurelles. À Bruxelles, en octobre 2002, les chefs d'État et de gouvernement ont abaissé ce plafond à 23 milliards d'euro. À l'arrivée, le budget final des fonds structurels s'élève à 21,75 milliards d'euro en crédits d'engagement.

Afin de prendre en compte la situation spécifique de plusieurs pays, le Conseil européen a décidé de libérer des sommes du budget des fonds structurels, dont l'utilisation est conditionnée à des projets nationaux préalablement acceptés par la Commission européenne et à des cofinancements par les États nationaux. Cette manœuvre permettra aux pays bénéficiaires d'utiliser ces sommes en toute liberté : 1 milliard d'euro pour la Pologne, 100 millions d'euro pour la République tchèque.

L'île de Gozo, la deuxième île de la République de Malte, souffre de handicaps résultant de sa double insularité, de sa fragilité environnementale, de sa population réduite et de ses ressources propres limitées. Son PIB par habitant est nettement inférieur à celui de l'île de Malte. Elle bénéficie donc de mesures spéciales et restera éligible aux aides régionales.

Neutralité militaire de Malte

Parmi les États membres de l'Union européenne, on compte quatre pays militairement neutres ou non alignés (l'Autriche, la Finlande, l'Irlande, la Suède). Suivant le modèle irlandais, Malte a demandé que soit annexée à son traité d'adhésion une déclaration concernant la neutralité de l'île et a affirmé sa volonté de participer tout de même à la Politique étrangère et de sécurité commune (PESC).

On croit rêver ! Une fois encore, l'Union s'est montrée trop généreuse et nombreux sont les observateurs choqués par cette dérogation.

On doit s'interroger sur ces dispositions. Il n'est politiquement pas normal qu'on puisse être membre de l'Union et militairement neutre. D'ailleurs, le projet de Constitution élaboré par la Convention européenne prévoit une clause d'assistance au cas où l'un des États membres de l'Union serait agressé.

Les membres de l'Union et les nouveaux adhérents doivent choisir, en rejoignant l'Europe, d'intégrer un ensemble politique qui crée chez eux des obligations et pas seulement des droits, quels que soient leur histoire et leurs débats intérieurs.

Il est à souhaiter que l'Union, sous peine de devenir un objet international sans importance, décide un jour de sortir de cette ambiguïté et impose, c'est le moins qu'on puisse exiger, la solidarité, y compris militaire, entre ses membres.

Quand on déclare partager les mêmes valeurs, on doit être prêt à les défendre ensemble !

Avortement

Sur le modèle irlandais, un protocole sur l'avortement est annexé au traité d'adhésion de Malte stipulant qu'aucune disposition des divers traités européens ne devra affecter la législation maltaise qui le prohibe.

Mesures dérogatoires à la TVA

L'Union dispose de ressources propres se définissant comme des recettes de nature fiscale qui lui sont affectées une fois pour toutes et qui lui reviennent de droit sans qu'une décision ultérieure des autorités nationales puisse intervenir.

Ces ressources sont financées à partir de la TVA de chacun des pays membres. Le taux de la ressource TVA et l'assiette à prendre en compte sont fixés par le Conseil européen en accord avec la Commission. Par conséquent, toute dérogation qui modifie l'équilibre des ressources nécessite l'accord de Bruxelles.

Plusieurs pays ont demandé à bénéficier de mesures dérogatoires. Ainsi la Hongrie pourra maintenir pendant un an après son adhésion une TVA réduite sur la distribution du gaz et de l'électricité.

La Lettonie a su négocier une exemption de la TVA (0 %) jusqu'au 31 décembre 2004 pour le chauffage domestique.

Malte a été exemptée de la TVA (0 %) sur les produits alimentaires et pharmaceutiques jusqu'au 31 décembre 2009.

La Pologne a pu maintenir sa TVA réduite à 7 % sur les services de rénovation des immeubles, excluant les nouvelles constructions et les matériaux, jusqu'à la fin 2007.

Énergie nucléaire

Sur les dix nouveaux membres, cinq pays ont recours à l'énergie nucléaire [1], dont deux (Lituanie et Slovaquie) dispo-

1. Hongrie, Lituanie, Slovaquie, Slovénie et République tchèque.

sent de centrales soviétiques de première génération que l'Union européenne souhaite voir fermer.

À cet effet, des dates de fermeture ont été fixées, ainsi qu'une assistance financière afin de soutenir le déclassement des centrales et d'en limiter les effets sociaux négatifs.

La Lituanie, dont la centrale d'Ignalina fournit 80 % de l'électricité du pays, sera contrainte de fermer le réacteur n° 1 avant 2005 et le réacteur n° 2 avant fin 2009. Elle percevra pour cela 285 millions d'euro entre 2004 et 2006 en tranches annuelles égales.

La Slovaquie dispose de deux centrales nucléaires, celle de Mochovce et celle de Bohunice dont elle devra fermer les deux réacteurs, le premier d'ici la fin 2006 et le n° 2 avant fin 2008 : 90 millions d'euro lui sont accordés à cette fin.

La République tchèque et l'Autriche qui, durant les dernières années, ont eu des différends au sujet de la centrale de Temelin, se sont engagées à les régler par voie de négociations et de respecter les clauses de l'accord dit de « Melk » conclu le 29 novembre 2001. Une déclaration annexée au traité décrit cette démarche.

Libre circulation des travailleurs

Certains États membres, notamment l'Allemagne et l'Autriche, ont exprimé leur crainte de voir arriver en masse des travailleurs immigrés en provenance des nouvelles démocraties. Aussi ont-ils obtenu que la libre circulation soit restreinte pour une période de trois ans, renouvelable deux fois pour deux ans. À chaque étape, le Conseil de ministres pourra décider de lever l'interdiction.

Kaliningrad

Le Conseil européen de Séville a posé la question des transits de personnes et de marchandises vers et à partir de l'enclave de Kaliningrad, cette prise de guerre russe de la Seconde Guerre mondiale, riveraine de la Lituanie et de la Pologne.

On se souvient en effet que Vladimir Poutine avait fait tout un drame de l'application des nouvelles règles européennes de contrôle des frontières. Pour lui, la « forteresse Europe » a accepté quelques dérogations !

Le Conseil européen de Bruxelles a avalisé l'introduction d'un document (FTD, FRTD pour les trains) facilitant le transit en faveur des citoyens russes. La Communauté a également pris l'engagement de couvrir les dépenses supplémentaires engagées par la Lituanie pour satisfaire aux accords de Schengen.

Le 28 février 2003, un protocole financier a accordé 12 millions d'euro à la Lituanie, qui a accepté le nouveau dispositif.

Par dérogation, la Communauté financera ce projet à 100 % pour garantir un contrôle efficace des passagers entre Kaliningrad et les autres territoires de la Russie. C'est nécessaire quand on connaît l'état économique et social de l'ancienne Königsberg de Kant. Lieu de tous les trafics, elle demeure aussi un campement de garnison qui mérite la vigilance.

Le dispositif des documents FRTD/FTD est devenu opérationnel au 1er juillet 2003 :

- Il garantit des modalités souples de délivrance de ces documents.
- Il améliore la sécurité aux points de passage de Kena et Kybartaie des trains circulant en transit sur le territoire de la Lituanie.

– Il assure un contrôle efficace des trains, pour éviter tout débarquement non autorisé au cours de ce transit.

Qui a dit qu'une bonne négociation s'appréciait aux détails ?...

Adhérer à l'Espace économique européen (EEE)

Les dix nouveaux membres, en adhérant à l'Union européenne, devront obligatoirement adhérer à l'EEE.

L'Espace économique européen, créé en 1994, comprend les quinze pays de l'UE plus l'Islande, le Liechtenstein et la Norvège. Ces trois non-membres de l'UE bénéficient d'un accès libre au marché communautaire, mais en contrepartie contribuent au maintien de la cohésion territoriale de l'UE en versant des fonds au budget de l'Union, selon l'article 115 de l'accord EEE.

Les négociations pour l'entrée des Dix à l'EEE ont débuté le 9 janvier 2003 entre la Commission, les dix pays entrants et l'Islande, le Liechtenstein et la Norvège.

Outre certains ajustements juridiques, les vrais enjeux portaient sur la participation financière des trois pays de l'EEE au fonds de cohésion de l'Union européenne, une sorte de droit d'entrée sur le marché des dix nouveaux.

Selon les termes de l'accord, les trois pays devront payer 230 millions d'euro annuels, soit dix fois plus que pour l'UE à quinze. La quasi-totalité de cette somme sera déboursée par la Norvège, à hauteur de 97 %.

L'accord initial de l'EEE prévoyait des tarifs douaniers réduits, essentiellement pour les produits provenant de la pêche, pour l'accès au marché des Quinze. Ce système sera remplacé par des quotas. La Norvège paie le prix fort, d'autant plus que jusqu'ici elle avait un accès libre au marché des pays d'Europe centrale. Elle serait vraiment mieux dans l'Union !

Clauses de sauvegarde

Le traité d'adhésion a créé trois clauses de sauvegarde dont la période de mise en œuvre est de trois ans maximum après l'adhésion, soit jusqu'au 30 avril 2007.

– Une clause de sauvegarde économique générale : invocable par les pays membres actuels et les entrants, elle vise à rassurer les entrants et à atténuer, dans certains secteurs ou certaines régions sensibles, les conséquences d'un choc macroéconomique ou concurrentiel trop rude qui serait dû à l'adhésion. De leur côté, les membres actuels pourront prévenir les distorsions de concurrence transfrontalière trop fortes (article 37).
– Une clause spécifique de sauvegarde du marché intérieur : cette clause s'applique aux nouveaux membres en cas de manquements graves aux obligations de reprise et d'application effective de l'acquis en la matière. Par exemple, dans le domaine de la sécurité alimentaire, elle pourrait permettre de suspendre la libre circulation des marchandises en provenance d'un des États entrants, en cas de non-application des règles de lutte contre la maladie de la vache folle (article 38).
– Une clause spécifique de sauvegarde relative à la justice et aux affaires intérieures : en cas de manquement d'un nouvel État membre, mais aussi d'un risque imminent de graves manquements au regard de normes judiciaires essentielles, cette clause permet la suspension temporaire de la reconnaissance mutuelle des décisions de justice en matière civile et pénale (article 39).

Dans les trois cas, la Commission est chargée de déterminer les mesures, leur proportionnalité, ainsi que les conditions d'application, sous l'œil attentif du Conseil.

L'initiative d'invoquer la clause générale ne peut venir que des États, membres ou entrants. La mise en œuvre des clauses spécifiques peut résulter d'une demande de la Commission.

Six pays entrants ont émis une déclaration conjointe (n° 22) au traité d'adhésion, inquiets de la portée de ces clauses, pour souligner que les mesures ne pouvaient pas être utilisées pour couvrir d'autres obligations que celles découlant de l'adhésion et pour exprimer leur souhait d'être entendus avant que la Commission ne décide éventuellement des mesures les concernant.

Si la majeure partie de l'ajustement administratif et juridique est arrivée à son terme, beaucoup d'efforts restent à faire. À Copenhague, les Vingt-cinq ont adopté une feuille de route concernant les réformes à entreprendre ou à poursuivre jusqu'à la date de l'adhésion. À la demande des États membres, les pays candidats ont accepté de poursuivre, à marche forcée, l'adaptation de leurs législations.

Début mai 2003, la Commission a rappelé aux entrants l'urgence d'accélérer la préparation à l'adhésion. La Pologne a été spécialement visée par le directeur général à l'Élargissement qui a menacé de faire jouer les clauses de sauvegarde contre elle. Plusieurs domaines sont concernés, notamment le marché intérieur, la politique de concurrence, l'audiovisuel, le contrôle fiscal, l'union douanière. La restructuration de l'industrie de l'acier, la réforme de la législation sur les assurances ont également été pointées du doigt.

La Lettonie présente également des retards dans le domaine de la politique des transports, la libre circulation des capitaux, le contrôle financier et l'union douanière.

La Slovénie semble être le seul pays a ne pas être rappelé à l'ordre par les instances bruxelloises.

Comme prévu à Copenhague, la Commission établit pour le 5 novembre 2003 un dernier rapport sur l'état d'avancement des pays entrants, qui déterminera si des clauses de sauvegarde seront envisagées ou non.

On le voit, marchandages et négociations précises ont été

le lot commun de ces années de pré-adhésion. On apprend vite la pratique européenne. C'est la contrepartie du succès de l'Union européenne. C'est dans les détails que se cache le diable, affirme un proverbe allemand. L'Europe ne lui laisse aucune place !

Pénétrer au cœur des arcanes des négociations ne doit pas nous faire oublier l'essentiel. La réunification du continent est une grande nouvelle et une vraie joie pour tous ceux qui ont eu à souffrir de la division de l'Europe. Elle constitue un véritable espoir pour ceux qui l'ont subie jusque dans leur chair.

Il y a donc, au-delà de la technique, qui mérite un examen attentif, une vraie dimension morale de l'élargissement.

Décidé pour des raisons politiques, il a été mené à bien jusque dans les détails les plus complexes. C'est donc un succès.

Pour le mesurer, il suffit de se retourner sur les quinze dernières années. Qui aurait pu dire, en 1988, que l'Europe institutionnelle s'élargirait à dix nouveaux membres issus, pour sept d'entre eux, de la sphère soviétique et, pour trois d'entre eux, du territoire de la Russie communiste ?

Il n'y a donc pas de raisons de bouder notre plaisir face à la réconciliation de l'Europe.

Mais pour que celui-ci soit complet, il ne faut jamais sous-estimer les inquiétudes qui peuvent se nicher dans l'inconscient des peuples.

À l'Ouest comme à l'Est, malgré l'adhésion en passe de réussir, certains redoutent les effets de l'expansion européenne.

Nous avons, pour notre part, profité à plein du grand marché devenu progressivement un espace de liberté intérieure et un havre de sécurité économique, sociale et politique. Et la peur de l'autre, du nouvel arrivant, peut surgir là où on ne l'attend pas.

C'est la véritable raison pour laquelle il faut non seulement connaître la réalité technique de cet élargissement, mais aussi en parler, le populariser.

Les Quinze ont bien négocié. La réunification de l'Europe se fait à un coût financier moindre avec des partenaires qui n'ont en tête que de nous ressembler et de rattraper le temps perdu.

Les Dix peuvent être satisfaits, en ce qui les concerne, du soutien sans faille de l'ex-Europe de l'Ouest. Politiquement engagés, techniquement à l'écoute, financièrement généreux compte tenu de leurs contraintes intérieures, les Quinze ont fait preuve d'une volonté réelle de les accueillir dans les meilleures conditions. Les preuves figurent dans les traités d'adhésion.

Il reste désormais à conduire partout le dialogue avec l'opinion pour faire partager cet enthousiasme qui n'est pas de façade.

Se tourne pour l'Europe une page sombre de son histoire.

S'ouvre pour notre continent de nouveaux défis ; mais ils sont conformes à ce qu'on peut attendre de l'avenir : pacifiques, concrets, humains.

TROISIÈME PARTIE

L'ÉLARGISSEMENT ET APRÈS ?

I

Encore deux nouveaux

L'une des principales inquiétudes que suscite l'élargissement est bien de savoir où nous allons nous arrêter dans l'agrandissement de l'Europe. Ce cinquième élargissement sera-t-il le dernier ? Autant l'affirmer clairement, non !

D'abord parce que le présent élargissement a d'ores et déjà prévu, au sommet de Copenhague, d'intégrer la Bulgarie et la Roumanie, normalement en 2007. Ensuite parce qu'on n'imagine pas que les Balkans occidentaux, qui appartiennent au continent européen, ne rejoignent pas un jour le grand marché. Le sommet européen de juin 2003 l'a confirmé officiellement pour la première fois.

Pour la Bulgarie et la Roumanie, le rendez-vous est déjà pris, il est acté. Restent d'importantes et fastidieuses négociations à finaliser pour le confirmer. Elles sont en cours et la tâche n'est pas facile.

Aux confins de l'Europe géographique, ces deux pays ont beaucoup souffert au XXe siècle. Découpés et redécoupés, déstabilisés par des régimes s'appliquant à choisir systématiquement le mauvais camp lors des conflits mondiaux, ils ont porté le fardeau du communisme totalitaire en l'alourdissant de dictatures locales sanguinaires.

Il y a donc beaucoup de travail à faire pour les conduire jusqu'à l'Union.

Mais la volonté politique existe de part et d'autre et l'entreprise est loin d'être impossible.

Le Conseil de Copenhague a donc prévu une forte augmentation des aides de pré-adhésion pour ces deux pays, à savoir + 20 % en 2004, 30 % en 2005 et 40 % en 2006. Le montant global des aides ainsi allouées de 2004 à 2006 s'élèvera à 1,2 milliard d'euro pour la Bulgarie et à 2,8 milliards pour la Roumanie.

La Bulgarie et la Roumanie ont clos respectivement 22 et 13 chapitres sur les 31 qui composent l'acquis communautaire et font l'objet de négociations avec la Commission.

Celle-ci a présenté le 26 mars 2003 son accord de partenariat révisé pour la Bulgarie et la Roumanie. Le texte détaille l'ensemble des exigences à satisfaire afin de rester dans la course à l'intégration. Il s'agit de poursuivre les réformes de l'administration publique et du système judiciaire.

Le commissaire européen Verheugen a souligné avec fermeté, au mois de mai 2003, que les réformes administratives et juridiques nécessaires, que la Roumanie et la Bulgarie se sont engagées à réaliser, se sont ralenties et qu'à ce rythme la date prévisionnelle d'adhésion de 2007 ne serait pas tenue.

Il n'est donc pas évident que le calendrier soit respecté.

Pourtant, ces deux pays font partie de l'Europe et leur marche vers l'Union, même plus difficile, paraît bien engagée.

La Bulgarie

Aux confins de l'Europe géographique, la Bulgarie marie les héritages slave, byzantin, grec, russe et occidental.

C'est Boris Ier et son fils Siméon Ier qui, au sortir d'une période turque succédant elle-même à un âge byzantin, fondèrent réellement l'État bulgare en 865. En 925, le second se proclame empereur des Grecs et des Bulgares.

Envahis par les Mongols, les Bulgares tombent en 1396 sous la domination ottomane qui durera cinq siècles.

La Bulgarie renaît, indépendante, en 1878 après le traité de San Stefano qui tire les conséquences de la défaite des Turcs face à la Russie.

Ferdinand Ier de Saxe-Cobourg met à profit la révolution des Jeunes Turcs en 1908 pour prendre le titre de tsar Ferdinand Ier.

La Bulgarie s'engage, aux côtés de la Grèce et de la Serbie, dans la première guerre des Balkans ; elle est victorieuse contre les Ottomans, mais a le tort de se retourner aussitôt contre ses alliés. Le traité de Neuilly, en 1919, lui retire alors son accès à la mer Égée et une partie de son territoire.

Elle choisit le mauvais camp pendant la Seconde Guerre mondiale et le paie d'une occupation soviétique suivie d'une prise de pouvoir communiste.

Destin tragique ou situation géographique impossible, toujours est-il que ce pays a fini par rejoindre le camp de la liberté à sa manière, c'est-à-dire toujours en nuance, élisant comme président en 1990 Jelio Jelev, chef de l'opposition, mais en donnant la majorité à l'Assemblée aux anciens communistes.

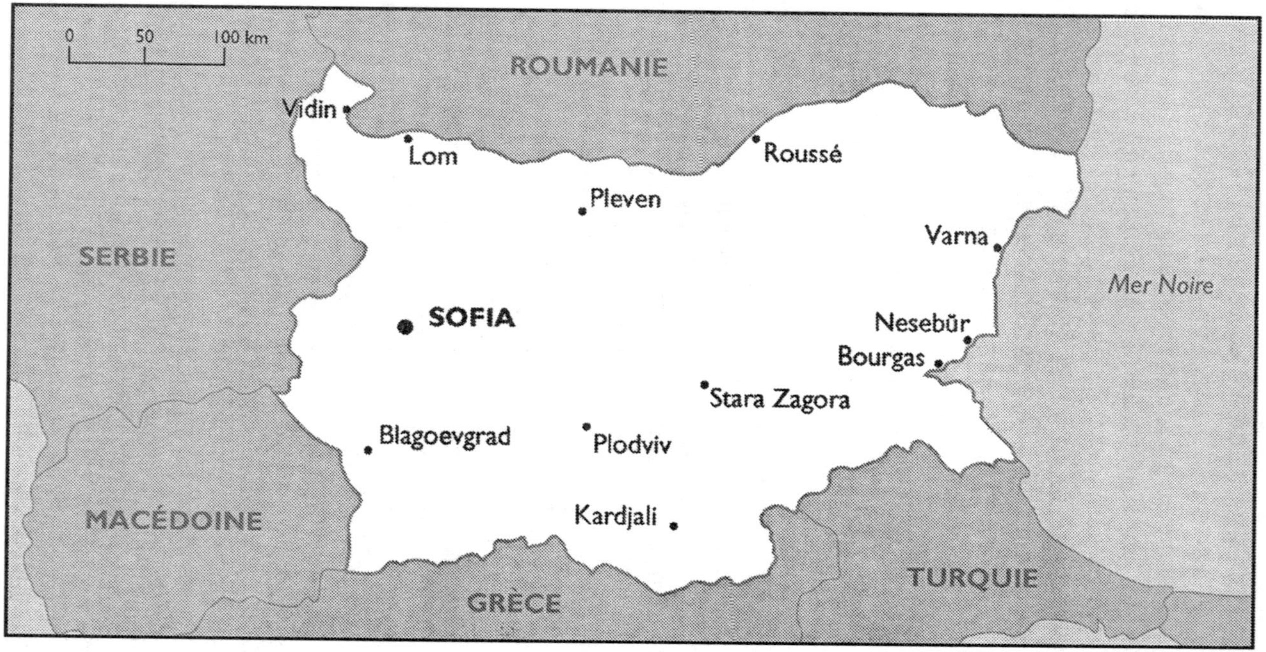
0
50
100 km
ROUMANIE
Vidin
Lom
Roussé
Pleven
Varna
SERBIE
Mer Noire
SOFIA
Nesebŭr
Bourgas
Stara Zagora
Blagoevgrad
Plodviv
MACÉDOINE
Kardjali
TURQUIE
GRÈCE

Bulgarie

La transition fut longue et contestée. Les Bulgares n'aiment pas les excès : après de nombreuses hésitations, les réformes avancent pourtant avec beaucoup d'entrain. La Bulgarie s'est impliquée dans le cheminement européen avec beaucoup de courage et de modernité.

Une réunion politique en Bulgarie, c'est toujours l'occasion de découvrir avec étonnement combien les femmes, dans ce pays, ont su prendre leur part de responsabilités. Jeunes, belles, compétentes, dynamiques, elles font souvent oublier que, pour manifester la négation, les Bulgares hochent la tête de haut en bas, et pour approuver la tournent de droite à gauche ! C'est une coutume qui nécessite quelque entraînement.

Ce pays, où le Premier ministre est un roi, Siméon de Saxe-Cobourg-Gotha, semble avoir réglé ses comptes avec son passé et regarder désormais vers l'avenir. En élisant comme chef de la majorité parlementaire celui qui avait six ans quand il quitta son pays en roi déchu, en 1947, les Bulgares ont montré la grande liberté dont ils sont capables et un vrai recul face à leur histoire.

Doté d'institutions stables et d'une vraie démocratie, le pays se relève d'une grave crise économique en 1996-1997, en accélérant le rythme de ses réformes pour rejoindre le camp de l'Union européenne.

Cet effort a été couronné de succès puisque les Européens ont finalement accepté que la Bulgarie, d'abord exclue des négociations d'adhésion, rejoigne le club des nouveaux, même si son entrée sera effective trois ans après les autres.

Des progrès difficiles et douloureux doivent encore être réalisés.

L'Union souhaite, par exemple, comme tous les voisins de la Bulgarie, que la centrale nucléaire de Kozloduy soit mise aux normes puis arrêtée, alors qu'elle fournit l'essentiel de l'électricité du pays. La question est devenue un vrai sujet de politique intérieure.

D'autres avancées devront être menées à bien, avant que la Bulgarie ne soit réellement prête, mais sa volonté est sans faille et l'adhésion est plébiscitée par plus des trois quarts des Bulgares et par l'ensemble des formations politiques.

La Communauté aura besoin de la Bulgarie et de ce qu'elle représente dans les Balkans, une mixité intellectuelle et historique rare, pour mieux comprendre cette péninsule dangereuse où le feu couve toujours sous la cendre et pour peser dans le sens d'une intégration raisonnable des pays de la région.

La qualité des femmes et des hommes bulgares est telle que l'Europe a raison de faire confiance à la Bulgarie.

Profil

- Superficie : 100 911 km^2.
- Frontières : 1 808 km (Grèce 494 km, Macédoine 148 km, Roumanie 608 km, Serbie et Monténégro 318 km, Turquie 240 km).
- Côtes : 354 km.
- Capitale : Sofia.
- Monnaie : le lev.
- Population : 8,1 millions d'habitants au 31 décembre 2001.
- Composition : 85 % Bulgares, 10 % Turcs et 3 % Tsiganes et 2 % autres.
- Confessions : 85 % orthodoxes, 10 % musulmans et 2 % catholiques.
- Croissance démographique (2000-2005) : – 1 %.
- Espérance de vie (2000-2005) : hommes 67 ans et femmes 74 ans.

Données économiques (2002)

- PIB : 16,6 milliards d'euro courants.
- Croissance du PIB : 4,3 % (5,4 % en 2000 ; 4,0 % en 2001).
- PIB par habitant (en SPA en euro) : 6 230 (26 % de la moyenne communautaire).
- Salaire mensuel brut moyen : 139 euro.
- Coût horaire en euro de la main-d'œuvre : 1,35 (2000).
- Chômage : 18,1 %.
- Part de l'emploi agricole : 9,7 %[1].
- Part de l'emploi industriel : 32,7 %.
- Part de l'emploi dans les services : 57,6 %.
- Part de l'agriculture : 13,8 % en PIB.
- Part de l'industrie : 26,5 % du PIB.
- Part des services : 59,8 % du PIB.
- Inflation : 5,8 %.
- Déficit public : – 0,6 % du PIB (excédent de 0,2 % en 2001).
- Dette publique : 53 % du PIB.
- Investissements directs étrangers (IDE) : stock de 2 151 millions d'euro (272 euro par habitant).
- Nombre de téléphones mobiles pour 100 habitants : 20.
- Nombre d'utilisateurs d'Internet pour 100 habitants : 7.

Relations commerciales avec l'Union européenne (2001)

- 54,8 % des exportations se font en direction de l'Union européenne.

1. Un grand nombre de personnes cumulant activité agricole et autre occupation principale, cette répartition sectorielle du marché de l'emploi bulgare n'a pu être effectuée de manière très précise.

– 49,4 % des importations proviennent de l'Union européenne.
– Solde commercial négatif en 2000 comme en 2001 : – 2 394 millions d'euro.
– Principaux produits exportés : industrie légère, agro-alimentaire, vins.
– Relations commerciales avec la France : progression sensible des relations économiques depuis 1998. En 2000 la France figure au 4e rang des partenaires commerciaux (et au 7e rang des investisseurs étrangers). De nombreuses sociétés françaises sont présentes en Bulgarie, sous forme de filiales ou de sociétés mixtes.

Système politique

– République parlementaire.
La Constitution a été adoptée le 12 juillet 1991.
– Chef de l'État : Georgi Parvanov, élu le 18 novembre 2001.
Le président est élu pour cinq ans (mandat renouvelable une fois) au suffrage universel direct.
– Premier ministre : Siméon de Saxe-Cobourg-Gotha (ex-roi de Bulgarie Siméon II).
– Système parlementaire monocaméral.
L'Assemblée nationale (Narodno Sobranie) comprend 240 sièges. Les députés sont élus au suffrage universel direct pour quatre ans à la représentation proportionnelle. Il faut un seuil de 4 % des suffrages pour qu'une formation politique soit représentée au Parlement.
Les dernières élections législatives du 17 juin 2001 ont vu la victoire du Mouvement national de Siméon II. Ce nouveau parti n'a manqué que d'un siège la majorité absolue. Par ailleurs, les électeurs du Mouvement national se retrouvent dans toutes les régions du pays et dans tous les milieux socio-économiques sans que le revenu, l'âge ou

le niveau de diplôme constituent des facteurs pertinents d'explication du vote. La coalition gouvernementale comprend le NDSV et le DPS.

Composition du Parlement

- 120 sièges : NDSV (Mouvement national).
- 51 sièges : ODS (Forces démocratiques unies).
- 48 sièges : BSP (Coalition pour la Bulgarie, alliance de gauche avec le Parti socialiste).
- 21 sièges : DPS (Mouvement pour les droits et libertés).

- Prochaines élections : présidentielle en 2006, législatives en 2005.

Organisation administrative

28 régions, 262 communes.

SLOVAQUIE
UKRAINE
0
100
200 km
MOLDAVIE
HONGRIE
Oradea
Iaşi
Cluj-Napoca
Danube
Arad
Sibiu
Braşov
Timişoara
Galati
CROATIE
Brăila
Delta
du Danube
Danube
Ploieşti
BUCAREST
BOSNIE
SERBIE
Craiova
Constanta
Mer Noire
Giurgiu
Mangalia
BULGARIE

Roumanie

La Roumanie

Dans les rues de Bucarest, des Dacia (R12 de chez Renault au capot arrière qui s'enfuit bizarrement jusqu'au macadam) rappellent que les premiers habitants de la Roumanie furent les Daces et que Trajan créa une province de Dacie.

L'histoire de la Roumanie est assurément celle d'un grand pays. Grand comme ses territoires, grand comme sa culture, grand comme son Palais du peuple, construit jadis par Ceausescu, qui rasa pour cela un quartier entier du vieux Bucarest, et dont on ne sait toujours pas quoi faire tellement il est grand. Le Parlement y siège, l'Université et de nombreux autres services et... il reste encore de la place. Il faut dire qu'une telle construction n'a pas son égale dans le monde pour sa taille, son style néoclassique et finalement sa laideur.

Peut-être est-il si laid d'avoir été construit avec les souffrances d'un peuple qui méritait mieux que le Conducator qui s'était imposé à sa tête. La dictature sanglante et terrible qu'il imposa aux Roumains de 1965 à 1989 figure, hélas, au livre des records et constitue, pour tout le continent européen, une honte sans limites.

D'autres moments de l'histoire de la Roumanie peuvent porter à la réserve et notamment la dictature d'Antonescu qui choisit l'alliance avec l'Allemagne pendant la guerre. Il fallut que le roi Michel Ier fasse un coup d'État (!) pour que la Roumanie opère un retournement d'alliance en septembre 1944.

Mais l'histoire de la Valachie, de la Moldavie et de la

Transylvanie est intimement liée à celle de l'Europe centrale. À ce titre, elle est glorieuse, guerrière mais riche d'une culture unique et du mélange des peuples qui en font la spécificité.

La Roumanie ne prend la forme d'un État qu'en 1859. À la veille de la Première Guerre mondiale, elle est la principale puissance des Balkans. Grâce au traité de Saint-Germain, en 1919, elle double sa population et son territoire ; la Seconde Guerre mondiale lui reprendra une partie de celui-ci.

Les problèmes de minorités et de déplacements de frontières sont tels, dans cette partie de l'Europe, que la Roumanie et ses voisins ont dû, pour entrer dans l'Union européenne, signer toute une série de traités bilatéraux garantissant l'intangibilité des frontières !

Mais la Roumanie, pour la France, c'est toujours une partie de son cœur. Bien sûr, grâce à la langue. Le français est aimé des Roumains dont la langue est proche de celle de Molière.

La latinité est portée en bandoulière par les Roumains comme une fierté à laquelle les Français sont sensibles. Nos cultures sont proches et nos artistes aussi.

Eugène Ionesco fit son entrée à l'Académie française en 1970. Emil Cioran et Mircea Eliade trouvèrent à Paris les moyens d'exercer leur immense talent.

Qui ne connaît en France Constantin Brancusi, sculpteur de la simplicité, c'est-à-dire de la profondeur des choses ?

Quel mélomane peut ignorer le violoniste Georges Enesco qui fut, entre autres, le professeur de Yehudi Menuhin ?

Et le comte Dracula, dans son château des Carpates, n'a-t-il pas fait trembler et rêver tous les enfants du monde ?

La culture roumaine fait partie de l'âme de son peuple et la France l'aime. Elle est profondément européenne et nous souhaitons que cela soit reconnu.

Mais les réalités économiques sont plus difficiles.

Malgré tous ses efforts, la Roumanie n'a pas pu se glisser dans le groupe des dix nouveaux arrivants de 2004. Mais prenant acte de ses progrès, les Quinze l'ont admise dans le club des négociations en cours et elle devrait rejoindre l'Union au plus tard en 2007. Il reste beaucoup de travail pour reconstruire une administration, une justice et une économie conformes aux critères européens, mais les réformes structurelles ont commencé et doivent se poursuivre.

Nul ne doute que les Roumains, qui ont déjà tellement payé leur tribut à l'histoire, ne laisseront pas passer l'occasion de revenir chez eux en Europe. Seuls 3 % des Roumains se déclarent hostiles à l'Union !

Profil

- Superficie : 238 391 km^2.
- Frontières : 2 916 km (Bulgarie 608 km, Hongrie 432 km, Moldavie 681 km, Ukraine 649 km, Serbie et Monténégro 546 km).
- Côtes : 234 km.
- Capitale : Bucarest.
- Monnaie : le leu.
- Population : 22,4 millions d'habitants au 31 décembre 2001.
- Composition : 89,5 % Roumains, 7,1 % Hongrois, 1,7 % Tziganes, 0,5 % Allemands, 0,3 % Ukrainiens, 0,8 % autres.
- Confessions : 88 % orthodoxes, 6 % catholiques romains, 5 % protestants, 1 % autres.
- Croissance démographique (2000-2005) : – 0,3 %.
- Espérance de vie (2000-2005) : hommes 66 ans et femmes 73 ans.

Données économiques (2002)

- PIB : 48,4 milliards d'euro courants.
- Croissance du PIB : 4,0 % (1,8 % en 2000 ; 5,3 % en 2001).
- PIB par habitant (en SPA en euro) : 6 090 (25,4 % de la moyenne communautaire).
- Salaire mensuel brut moyen : 174 euro.
- Coût horaire en euro de la main-d'œuvre : 1,51 (2000).
- Chômage : 7,0 %.
- Part de l'emploi agricole : 44,4 %.
- Part de l'emploi industriel : 25,8 %.
- Part de l'emploi dans les services : 29,3 %.
- Part de l'agriculture : 14,6 % du PIB.
- Part de l'industrie : 34 % du PIB.
- Part des services : 51,3 % du PIB.
- Inflation : 22,5 %.
- Déficit public : 2,2 % du PIB (4,6 % en 2000 ; 3,3 % en 2001).
- Dette publique : 22,7 % du PIB.
- Investissements directs étrangers (IDE) : stock de 5 496 millions d'euro (245 euro par habitant).
- Nombre de téléphones mobiles pour 100 habitants : 20.
- Nombre d'utilisateurs d'Internet pour 100 habitants : 5.

Relations commerciales avec l'Union européenne (2001)

- 67,8 % des exportations se font en direction de l'Union européenne.
- 57,3 % des importations proviennent de l'Union européenne.
- Solde commercial négatif en 2000 comme en 2001 : – 4 652 millions d'euro.

- Principaux produits exportés : textiles, chaussures et industrie mécanique.
- Relations commerciales avec la France : la présence économique française en Roumanie est forte et diversifiée. La France figure au 1er rang des investisseurs étrangers et au 3e rang des partenaires commerciaux. Les grandes entreprises françaises présentes en Roumanie sont par exemple Elf, Eurocopter, Carrefour, France Télécom, Lafarge, Renault, Société générale.

Système politique

- République, régime semi-présidentiel.
  La Constitution a été adoptée en novembre 1991 et approuvée par référendum le 8 décembre 1991.
- Chef de l'État : Ion Iliescu, réélu en décembre 2000 (premier mandat de 1992 à 1996).
  Le président est élu au suffrage universel direct pour quatre ans (mandat renouvelable une fois).
- Premier ministre : Adrian Nastase.
- Système parlementaire bicaméral.
  La Chambre des députés comprend 346 sièges. Le Sénat comprend 140 sièges. Les députés et les sénateurs sont élus pour quatre ans au suffrage universel direct à la représentation proportionnelle ; scrutin à un tour ; seuil de 5 % des suffrages pour une représentation au Parlement.
  Les dernières élections parlementaires se sont déroulées en novembre 2000. Elles ont vu la victoire du Parti social-démocrate, qui a formé un gouvernement monopartite, avec le support tacite d'une partie de la droite opposée à l'extrême droite (PD, UDMR et PNL). L'extrême droite, avec 22 % des voix, est devenue la deuxième force politique du pays (profitant d'une crise de confiance des Roumains envers leurs institutions). Ces élections législatives

ont réduit le champ politique roumain et montré un clivage net entre les partisans de l'ouverture et les nationalistes. Le 16 juin 2001, le PDSR, fusionnant avec le Parti social-démocrate roumain, devient le Parti social-démocrate (PSD). Le gouvernement est aujourd'hui soutenu par l'UDMR ; un accord de coopération entre les deux partis a été renouvelé en janvier 2002.
Le nombre de sièges attribués aux différents groupes parlementaires a été sensiblement modifié depuis les élections de novembre 2000.

Composition de la Chambre des députés

- 172 sièges : PSD (Parti de la démocratie sociale roumaine).
- 70 sièges : PGR (Parti de la Grande Roumanie).
- 27 sièges : PD (Parti démocrate).
- 27 sièges : UDMR (Union démocratique des Magyars de Roumanie).
- 27 sièges : PNL (Parti national libéral).
- 18 sièges : représentants des minorités.
- 3 sièges : députés non affiliés.

Composition du Sénat

- 65 sièges : PDSR.
- 37 sièges : PRM.
- 13 sièges : PD.
- 13 sièges : PNL.
- 12 sièges : l'UDMR.

- Lors des élections locales qui se sont déroulées en juin 2000, le PDSR a obtenu un large soutien.

– Prochaines élections : présidentielle à l'automne 2004, législatives à l'automne 2004, locales au printemps 2004.

Organisation administrative

41 départements ainsi que la capitale, 263 villes et 2 688 communes.

II

Les Balkans occidentaux

Le processus de réunification de l'Europe ne s'achèvera pas complètement avec l'élargissement de 2004, prolongé jusqu'en 2007. D'autres pays frappent encore à la porte : les pays des Balkans occidentaux, la Croatie, l'Albanie, la Serbie-Monténégro, la Bosnie-Herzégovine et la République de Macédoine, revendiquent leur appartenance au continent européen.

À l'évidence, ils en font partie ; mais nous sommes ici aux limites de l'Europe géographique, entre la Grèce et le continent.

L'histoire a jeté sur eux le voile de la soumission aux Turcs à partir de la fin du XIVe siècle et en a fait le point de friction entre l'Empire ottoman et les empires d'Occident.

Si la péninsule la plus orientale du continent retrouve l'Europe chrétienne au XVIIIe siècle, elle est le lieu de toutes les guerres : russo-turque (1877-1878), gréco-turque (1897), balkanique (1912-1913), et les deux conflits mondiaux en font des lieux stratégiques et des terres de sang (Dardanelles, Serbie, Macédoine, campagne des Balkans en 1940-1941).

L'atrocité et l'archaïsme des récents conflits ethniques dans la région, ainsi que la guerre de 1999, ont fortement marqué le monde et l'Europe. Ils ont ruiné ces pays, qui font face désormais au défi de la reconstruction.

Pourtant, l'implication de la communauté internationale a réussi, bien tardivement, à ramener la paix. Avec la force, puis avec des moyens financiers, l'OTAN, les États-Unis et l'Union semblent en voie de gagner le pari de la paix.

Il faut maintenant aider ces pays à retrouver une économie qui fonctionne pour permettre aux accords de paix de s'imposer définitivement.

Cette modernisation prend ouvertement pour perspective et comme but l'adhésion à l'Union européenne.

C'est en avril 1999 que la Commission propose de lancer des accords de stabilisation et d'association pour les cinq pays des Balkans, qui n'avaient alors aucun lien contractuel avec l'UE.

Un nouvel instrument est mis en place : il s'agit du programme CARDS (Assistance communautaire pour la restructuration, la démocratie et la stabilisation), doté pour la période 2000-2006 d'un budget de **4,65 milliards d'euro**.

Ces accords de stabilisation et d'association prévoient le développement des relations économiques et commerciales avec la région et, à l'intérieur de celle-ci, le développement de l'aide économique et financière existante, l'aide à la démocratisation, à la société civile, à l'éducation et au développement institutionnel, la coopération dans le domaine de la justice et des affaires intérieures et le développement du dialogue politique.

Tout est à faire et notamment un énorme effort de réforme pour les cinq États balkaniques, en vue d'une adhésion.

La région est également fortement concernée par le pacte de stabilité pour l'Europe du Sud-Est, adopté à Cologne en juin 1999. Il a pour objectif d'assurer la paix, la stabilité, le bon voisinage, la démocratie, le respect des droits de l'homme et des minorités, le retour des réfugiés et la prospérité économique dans la région.

Il regroupe les États membres, la Commission et des pays de la grande région du Sud-Est européen : l'Albanie, l'ancienne République yougoslave de Macédoine, la Bosnie-Herzégovine, la Bulgarie, la Croatie, la Hongrie, la Moldavie, la Serbie-Monténégro, la Roumanie, la Slovénie, la Turquie, des pays tiers (États-Unis, Canada, Norvège, Japon, Russie et Suisse) et des organisations internationales.

Le rôle principal de l'Union est de soutenir les institutions démocratiques et économiques dans le cadre de ses programmes communautaires (OBNOVA) et par le développement de relations contractuelles.

Les peuples de la région sont demandeurs de changements démocratiques. Si 1999 marque la naissance des accords de stabilisation et d'association et du pacte de stabilité du Sud-Est, l'année 2000 apparaît concrètement comme une année charnière dans les Balkans. Les nouveaux États se consolident et la démocratie marque des points dans la région :

– En janvier, en Croatie, avec la victoire du candidat de l'opposition, Stipe Mesic, qui succède à Franjo Tudjman.
– Le 24 septembre, avec la victoire des forces démocratiques aux élections serbes, suivie de l'éviction de Slobodan Milosevic.
– Fin octobre, avec la victoire d'Ibrahim Rugova aux élections locales du Kosovo.
– En novembre 2000, se tient également le sommet de Zagreb, symbole d'un dialogue politique et d'une forte volonté de rapprochement entre les Balkans et l'Union européenne.

Plusieurs autres événements majeurs ont contribué, par la suite, à la stabilisation de la région :

– La disparition de la Yougoslavie au profit de l'entité étatique Serbie-Monténégro, le 5 février 2003.
– Le 13 février 2003, le début des négociations entre la Commission européenne et l'Albanie en vue de conclure un accord d'association et de stabilisation.
– Le dépôt de la candidature officielle de la Croatie à l'Union européenne le 21 février 2003.

– L'engagement en Macédoine et également en Bosnie des forces européennes de maintien de la paix pour prendre la suite de l'OTAN : cette nouvelle présence militaire et policière, signe du renforcement de l'engagement de l'Union dans la région, est un vrai symbole de l'ancrage des Balkans dans l'Europe.

Néanmoins, le tragique assassinat du Premier ministre serbe, Zoran Djindjic, rappelle que le processus de stabilisation et de démocratisation de la région demeure fragile. La criminalité organisée et la corruption doivent être éradiquées : il y a encore du travail !

Les Balkans occidentaux ont vocation à faire partie de l'Union européenne. Le Conseil européen de Copenhague l'a confirmé en décembre 2002. Le 21 juin 2003, au sommet de Thessalonique, les chefs d'État et de gouvernement ont réitéré leur « soutien sans équivoque à la perspective européenne qui s'offre aux pays des Balkans occidentaux ». La marche vers l'Union, grâce au processus de stabilisation et d'association, est désormais engagée.

L'appartenance géographique et culturelle des Balkans à l'Europe que nous construisons motive cette perspective d'adhésion, fortement soutenue par la Grèce.

La candidature croate

La Croatie a déposé sa candidature officielle à l'Union européenne le 21 février 2003. Après la Slovénie, elle est le deuxième pays de l'ex-Yougoslavie à vouloir rejoindre la famille européenne.

En février 2000, l'accession de Stipe Mesic à la présidence de la République a relancé le processus de rapprochement de la Croatie avec l'Union européenne, freiné jusque-là par la politique nationaliste de l'ancien président Franjo Tudjman.

À la source du blocage du dossier croate auprès des instances bruxelloises, la politique de non-coopération avec le Tribunal pénal international pour l'ex-Yougoslavie de La Haye a laissé place à une collaboration positive. Les nouveaux dirigeants s'y sont engagés et l'on note une véritable inflexion.

Dès mars 2000, le nouveau président de la République a engagé son pays sur la voie européenne et appelé à un « geste décisif qui rapprocherait la nouvelle Croatie de l'Europe ».

À l'heure de l'élargissement historique de l'Union européenne, la Croatie clame ouvertement son désir d'inscrire son destin au sein de la communauté des nations européennes, dont elle partage les valeurs. Elle prend date pour 2007, puisque les résultats acquis depuis 2000 le permettent.

La Croatie est, en effet, en plein essor : un PIB par habitant de plus de 5 000 euro, une croissance de 5 % en 2002, une inflation inférieure à 3 % et des recettes du tourisme en pleine expansion, avec plus de 7 millions de visiteurs en 2002.

Il faut dire que la côte dalmate est l'une des plus belles du monde.

Un chapelet de plus de 1 100 îles, protégées par des parcs naturels, s'égrène le long d'un littoral enchanteur.

L'attraction de l'Exposition universelle de Lisbonne fut bien le pavillon croate qui diffusait un film les survolant comme un oiseau au paradis terrestre !

Sur le plan politique, des avancées manifestes ont été réalisées quant à la satisfaction des critères de Copenhague, notamment avec les réformes de la justice et l'adoption de dispositions législatives visant à renforcer l'État de droit. La Croatie s'est dotée d'une nouvelle loi constitutionnelle garantissant les droits des minorités selon les normes européennes.

Le Premier ministre, Ivica Racan, pense que son pays sera en mesure de rattraper le duo Bulgarie-Roumanie dont l'objectif d'adhésion a été fixé pour l'année 2007.

L'harmonisation de la législation croate a débuté en 2001 et devra être bouclée, selon le Premier ministre, d'ici 2006, d'après le programme national pour l'Union européenne. De telles perspectives permettront à la Croatie de cheminer pleinement vers l'adhésion à l'Union.

La Croatie souhaite s'intégrer le plus rapidement possible et semble ne pas vouloir attendre pour cela les autres États des Balkans occidentaux.

La Croatie

La Croatie, la « patrie des plus Latins des Slaves », comme se définissent eux-mêmes les Croates, a connu une histoire mouvementée.

Peuplée d'Illyriens, elle est romaine au début de notre ère avant de tomber aux mains des Slaves au VIe siècle. Le premier roi croate est Tomislav au Xe siècle. Le roi de Hongrie est proclamé roi de Croatie au XIIe siècle et le nord du pays (Slavonie et Croatie septentrionale) est associé à la couronne hongroise. Au début du XVe siècle, la province côtière de Dalmatie devient vénitienne pour quatre siècles, puis française de 1809 à 1814 au sein des Provinces illyriennes de Napoléon, avant d'être intégrée à l'empire autrichien jusqu'à la Première Guerre mondiale.

La culture croate est riche. Les Croates furent ainsi les premiers Slaves à connaître l'alphabet latin, l'urbanisme, l'organisation gouvernementale locale, fondement même de la démocratie, et le christianisme (implanté dans la région dès le IIIe siècle). Au Moyen Âge, les bénédictins établirent des monastères et entreprirent la construction de monuments étonnants. La forte empreinte culturelle byzantine est symbolisée par le complexe ecclésiastique de Porec en Istrie, avec la basilique d'Euphrasius (VIe siècle) dont les mosaïques égalent en splendeur les œuvres contemporaines de l'époque justinienne à Ravenne.

Les Croates montrent une vraie dévotion pour la langue écrite, mode de transmission de la culture classique et apanage d'une nouvelle classe sociale (que ce soit en caractères latins ou glagolitiques, ce dernier alphabet constituant une spécificité croate inventée au IXe siècle et destinée à l'origine à faciliter la christianisation des peuples slaves).

Cas unique, le latin demeura la langue officielle au Sabor, le Parlement croate, jusqu'au milieu du XIXe siècle.

Les premiers savants croates participent à la vie intellectuelle des centres universitaires d'Europe, principalement en Italie mais également à Paris (où enseignent notamment Georges d'Esclavonie et Hermann le Dalmate). L'écrivain Marko Marulic est le père de la littérature croate, l'ami d'Érasme, et le plus réputé des écrivains croates au XVe siècle. Les œuvres de Georges le Dalmate, Franjo Laurana, Andrija Medulic, Blaz Jurjev et Juraj Culinovic témoignent de la vivacité de la production culturelle croate.

Toutefois les conséquences des interminables guerres que se livrent les Ottomans et les armées chrétiennes en terre croate furent tragiques d'un point de vue culturel : au XVIIe siècle, une seule imprimerie assurait la continuation de la riche vie culturelle d'antan, alors même qu'au début du siècle précédent il y en avait une dizaine. De plus, l'aristocratie qui, ailleurs en Europe, fut porteuse de la vie culturelle, se trouva entraînée dans les aventures bellicistes.

Avec l'instauration par Napoléon des Provinces illyriennes, les Croates connurent un renouveau national, baptisé « Renaissance illyrienne ». Les échos du romantisme se font alors sentir dans la littérature et enflamment le réveil national.

La Croatie partage alors l'évolution des arts que connaissent les autres métropoles de l'empire autrichien : Vienne, Budapest, Bratislava ou Ljubljana. Quant aux artistes croates, tels que les peintres Racic et Kraljevic, le sculpteur Mestrovic, disciple de Rodin, et l'écrivain Matos, ils trouvèrent leur inspiration sur les bords de la Seine.

C'est au XXe siècle que les Croates sont pour la première fois unis à leurs voisins slaves au sein de la Yougoslavie.

Celle-ci sera d'abord un royaume centralisé dirigé par une dynastie serbe, à laquelle ils s'opposent par tous les moyens, y compris le terrorisme des Oustachis, puis, après 1945, une fédération populaire de six Républiques, dirigée par le communiste d'origine croate Tito.

Les premières élections libres ont lieu en 1990 et Franjo Tudjman devient président.

La Croatie déclare son indépendance en juin 1991 ; commencent alors de violents combats avec la communauté serbe puis avec l'armée fédérale yougoslave.

L'agression militaire serbe lui coûta un quart de son territoire, 15 000 vies humaines, des centaines de milliers de réfugiés et d'importantes destructions.

En janvier 1992, l'indépendance de la Croatie est reconnue par la communauté internationale et une force d'interposition, la Forpronu, est déployée sur le terrain pour séparer les belligérants.

En 1995, l'armée croate reconquiert la Krajina, cette République serbe autoproclamée sur une partie de son territoire et s'engage dans le conflit de Bosnie aux côtés des Bosniaques.

Les 5 % du territoire demeurant occupés (la région de la Slavonie orientale en bordure du Danube) sont réintégrés pacifiquement en janvier 1998.

La Croatie cosigne les accords de Dayton-Paris en 1995 et F. Tudjman est réélu à la tête de l'État.

En tournant la page des destructions et de la guerre, la Croatie peut enfin se consacrer à valoriser ses atouts.

Le redressement économique du pays est spectaculaire et le dynamisme de sa population tout à fait exemplaire. On s'accorde à dire que les élections présidentielle et législatives du début de l'année 2000 ont donné au pays un souffle nouveau et un grand espoir.

La Croatie mène actuellement des réformes ambitieuses, puisque son objectif est double : intégrer l'OTAN et l'Union européenne.

Depuis janvier 2000, le gouvernement de coalition s'efforce de rétablir les équilibres macroéconomiques (réduction des dépenses de l'État, privatisations, paiement et rééchelonnement de la dette) tout en relançant une dynamique d'entreprise et en améliorant le cadre des affaires pour attirer des investissements étrangers.

À cet égard, on peut citer le programme de privatisations. En octobre 2002, le fonds de privatisation a publié un bilan de son action : 759 sociétés ont été privatisées entre janvier 2000 et septembre 2002 ; il reste 1 850 compagnies dans lesquelles l'État possède des participations. Le fonds a procédé en deux ans et demi à 1 285 transactions, 599 faillites et 31 appels d'offres publics.

Le pays s'est engagé dans un vaste programme de reconstruction : en quatre ans, la moitié du parc immobilier détruit a été rebâti quasiment sans aide internationale. À ce rythme, les travaux de reconstruction seront achevés en 2006. De plus, le savoir-faire et l'expérience internationale des ingénieurs civils croates dans la construction de pôles industriels et hydro-énergétiques complexes ainsi que dans les routes, tunnels et ponts démontrent leur grande capacité à réaliser les projets les plus complexes, tant au plan national qu'international.

Le gouvernement a montré son ferme engagement à mettre en œuvre l'accord de stabilisation et d'association. Il a adopté en décembre 2002 un ambitieux programme en vue de l'intégration de la Croatie dans l'Union, prévoyant ainsi un plan d'alignement de la législation sur l'acquis.

Ce programme comporte cinq chapitres : critères politiques, ajustements économiques, alignement du cadre juridique croate sur l'acquis, renforcement de la capacité administrative et stratégie d'information à l'intention de l'opinion publique. Il prévoit l'adoption de 83 lois et règlements.

Au total, entre 1991 et 2001 inclus, la Croatie a bénéficié d'une aide communautaire d'un montant de 488 millions d'euro. En 2001, quelque 60 millions d'euro ont été accordés dans le cadre du programme CARDS, soit un montant plus de trois fois supérieur à celui des années précédentes. Le programme d'action annuel CARDS pour la Croatie s'élève à 59 millions d'euro pour 2002 et à 62 millions d'euro pour 2003.

Le ministère croate de l'Intégration européenne s'attache à contrer, par une stratégie de communication adoptée en 2001, le faible niveau de sensibilisation à l'Union européenne et au processus de stabilisation et d'association.

De manière générale, l'attitude de l'opinion publique à l'égard de l'Union est positive. Le ministère organise deux fois par an des sondages d'opinion. Les résultats des cinq sondages d'opinion réalisés pendant la période de juin 2000 à septembre 2002 montrent une attitude très favorable des Croates à l'égard de l'adhésion de la Croatie à l'Union. Le dernier sondage qui date de décembre 2002 indique que 57 % des personnes interrogées pensent que l'adhésion est souhaitable alors que seuls 16 % considèrent qu'elle ne l'est pas. 38 % estiment que la Croatie s'est plus rapprochée de l'Union qu'elle ne l'était auparavant. Parmi les entraves à l'adhésion, la plupart des personnes interrogées (29 %) citent essentiellement les problèmes économiques (mauvaise stratégie économique, taux de chômage élevé), 24 % les mauvaises relations du pays avec le Tribunal pénal international pour l'ex-Yougoslavie et 14 % les réticences à mettre en œuvre les réformes.

Les citoyens croates les plus favorables à l'adhésion à l'Union européenne sont les personnes à revenus moyens voire supérieurs à la moyenne, d'un niveau d'éducation moyen à supérieur, d'âge moyen et les jeunes.

Depuis un an, on a vu s'accroître la fréquence et le contenu des contacts multilatéraux et bilatéraux dans la région et au-delà. La gestion des frontières, la lutte contre la corruption, la double nationalité, le retour des réfugiés, les droits de retraite et de sécurité sociale, la coopération économique ont fait l'objet de discussions détaillées qui ont souvent abouti à un accord.

La Croatie, avec un PIB de 22,6 milliards d'euro pour 2001, représente à elle seule quasiment la moitié du PIB de la région.

Le revenu annuel par habitant atteint en moyenne 2 000 euro dans la région. Il avoisine en Croatie les 5 100 euro. La Croatie accapare la moitié des investissements étrangers dans la région, qui représentent 230 euro par habitant en 2002.

Profil

- Superficie : 56 542 km².
- Frontières : 2 197 km (Bosnie-Herzégovine 932 km, Hongrie 329 km, Serbie et Monténégro 266 km, Slovénie 670 km).
- Côtes : 5 835 km (de nombreuses îles).
- Capitale : Zagreb.
- Monnaie : la kuna.
- Population : 4,4 millions d'habitants selon le recensement de 2001.
- Composition : 89,6 % Croates, 4,5 % Serbes, 0,5 % Bosniaques, 0,5 % Italiens, 0,4 % Hongrois, 0,3 % Albanais, 0,3 % Slovènes, 4 % autres (0,2 % Roms).
- Confessions : 87,8 % catholiques, 4,4 % orthodoxes, 1,3 % musulmans, 0,3 % protestants, 5,2 % non croyants et agnostiques, 1 % divers.
- Croissance démographique (2000-2005) : – 0,2 %.
- Espérance de vie : hommes 70 ans et femmes 78 ans.

Données économiques (2001)

- PIB en SPA : 22,6 milliards d'euro.
- Croissance du PIB : 3,8 % (– 0,4 % en 1999 ; 3,7 % en 2000).

- PIB par habitant (en SPA en euro) : 5 140 soit 22 % de la moyenne communautaire.
- Salaire mensuel brut moyen : 425 euro.
- Chômage au 31 décembre 2001 : 21,5 % (16,1 % en 2000).
- Part de l'emploi agricole : 8,2 %.
- Part de l'emploi industriel : 30,6 %.
- Part de l'emploi dans les services : 60,9 %.
- Part de l'agriculture : 8,1 % du PIB.
- Part de l'industrie : 27 % du PIB.
- Inflation : 4,9 % (prévisions 2002 : 2,2 %).
- Déficit public : 5,4 % du PIB (estimations pour 2002 : 4,3 %).
- Dette publique : 55,1 % du PIB (en augmentation par rapport aux années précédentes).
- Secteurs performants : tourisme, bâtiment et construction, commerce, banque, produits chimiques, textiles.
- Investissements directs étrangers (IDE) : stock de 7 300 millions d'euro (1 580 euro par habitant).
  Ils concernent principalement la banque, les télécommunications et la pharmaceutique. Les investissements français sont encore très modestes en Croatie (2 % des IDE réalisés en Croatie pour la période 1993-2001).

Relations commerciales avec l'Union européenne (2001)

- 54,7 % des exportations se font en direction de l'Union européenne. Principaux produits exportés : matériel de transport, produits chimiques, textiles, dérivés pétroliers, produits agro-alimentaires.
- 56 % des importations proviennent de l'Union européenne.
- Solde commercial négatif en 2001 : de l'ordre de – 3 000 millions d'euro.
- Relations commerciales avec la France : la France est le 6e partenaire commercial de la Croatie, aussi bien en termes d'importations que d'exportations. Les échanges entre

la France et la Croatie ont triplé en volume depuis 1991. Un grand potentiel d'échanges reste encore à développer.

Système politique

- République parlementaire.
  La Constitution actuelle (inspirée de celle de la Ve République française) date du 22 décembre 1990. Elle a été révisée le 28 février 2001 (suppression de la Chambre haute, dite Chambre des comitats, et renforcement du caractère parlementaire).
- Chef de l'État : Stipe Mesic, élu le 7 février 2000.
  Le président est élu pour cinq ans au suffrage universel direct à deux tours. Son mandat est renouvelable une fois.
- Premier ministre : Ivica Racan.
- Régime parlementaire monocaméral.
  Le Parlement (Sabor) comprend 151 sièges ; les députés sont élus pour quatre ans au suffrage universel direct à la représentation proportionnelle. Environ 20 % des députés de la législature actuelle sont des femmes.
  Les dernières élections législatives se sont déroulées en janvier 2000. Elles ont porté au pouvoir un gouvernement de centre-gauche, formé des partis de deux coalitions : SDP et HSLS d'une part, HSS, LS et HNS d'autre part. Un sixième parti, l'IDS, a quitté le gouvernement en juin 2001 (insatisfait du statut de l'Istrie).

Composition du Parlement

- 45 sièges : SDP (Parti social-démocrate).
- 41 sièges : HDZ (Union démocratique croate).
- 23 sièges : HSLS (Parti social libéral croate).
- 15 sièges : HSS (Parti paysan croate).
- 4 sièges : IDS (Parti démocratique d'Istrie, régionaliste).

– 4 sièges : HSP (Parti croate du droit).
– 4 sièges : DC (Démocrates centristes).
– 2 sièges : HNS (Parti populaire).
– 2 sièges : LS (Parti libéral).
– 2 sièges : PGS (Parti du Primorje, régionaliste).
– 1 siège : HKDU (Union démocrate chrétienne croate).
– 1 siège : SBHS (Parti croate de Slavonie-Baranya, régionaliste).
– 1 siège : HND (Démocrates indépendants croates).
– 6 sièges pour les représentants des Croates de l'étranger.

– Prochaines élections : présidentielle en 2005 et législatives en 2004.

Organisation administrative

20 régions et la ville de Zagreb.

Et ensuite ?

On l'aura compris, la stabilité dans les Balkans est la condition de leur retour dans le giron de l'Europe.

Tous les États de la région sont désormais membres du Conseil de l'Europe et, à ce titre, acceptent le corpus juridique minimum pour que soient assurés le respect des droits de l'homme et l'exercice des libertés individuelles et collectives.

Les deux dernières années ont vu s'accélérer les négociations avec les instances européennes. Le rapprochement est en cours et il ne s'arrêtera plus.

La Macédoine envisage de déposer prochainement sa candidature à l'Union européenne. Elle avait signé, le 9 avril 2001, un accord d'association et de stabilisation.

L'Albanie, l'État de la région qui a, peut-être, le plus souffert du communisme et de la dictature, longtemps isolé et fermé au-delà de l'imaginable, a entamé, le 13 février 2003, des négociations en vue d'un accord d'association et de stabilisation.

La Serbie-Monténégro, cet État unitaire factice proclamé le 5 février 2003, imposé par l'Union à deux entités qui ont vocation à se séparer, est le continuateur international de l'ex-Yougoslavie. Inquiètes à l'idée de nouveaux conflits susceptibles de naître de l'indépendance du Monténégro, les autorités européennes ont exigé que soit gelée la situation. Les Monténégrins en sont légitimement marris. Ils espèrent qu'avec la stabilité, ils pourront accéder à leur tour à l'indépendance. Le nouvel État a intégré le Conseil de l'Europe le 3 avril 2003.

Une page se tourne de l'histoire des Balkans. L'Europe réussira-t-elle à y ramener la paix de manière durable ?

Tous les moyens sont mobilisés pour cela et l'on mesure l'engagement de la communauté internationale aux efforts déployés à cette fin.

En Macédoine comme en Bosnie, les troupes de l'Union européenne et de l'OTAN demeurent vigilantes.

Les aides financières sont importantes.

La société civile européenne est à l'œuvre et ne ménage pas sa peine.

L'Europe de la Défense qui se crée y trouve sa première épreuve de la paix. Force est de reconnaître qu'elle y parvient assez bien.

Il y a aussi de bonnes nouvelles qui peuvent venir des Balkans...

Et si le chemin de l'adhésion peut paraître encore long, disons tout net qu'il est déjà tracé !

III

La question des frontières

Le président de la Convention européenne, Valéry Giscard d'Estaing, a fait scandale, en octobre 2002, en indiquant clairement qu'il fallait fixer des limites à l'élargissement de l'Union européenne.

Et d'affirmer que la Turquie, pourtant le plus ancien candidat officiel à l'Union, le premier à avoir signé, en 1963, un accord d'association, ne pouvait pas en faire partie, la comparant au Maroc, à Israël et à d'autres pays déjà liés par des accords à l'Europe.

Il posait ainsi brutalement la question des frontières de l'Europe.

Pour lui et d'ailleurs pour beaucoup, l'Europe ne peut se construire politiquement que si elle délimite ses frontières, celles-ci devant être acceptées par ses ressortissants qui s'y reconnaissent et s'en réclament.

Ce constat n'a que les apparences de l'évidence au regard de l'histoire de l'Europe !

On croyait savoir ce que signifiait une frontière : la délimitation d'une communauté de base qui partage les mêmes valeurs, s'organise pour les défendre et pour rendre la vie collective possible en désignant ses gouvernants et en mettant en commun certaines dépenses.

En réalité, le projet européen détruit la notion traditionnelle de frontière. Oh ! bien sûr, elles existent et existeront toujours, mais elles n'ont plus rien à voir avec ces murailles infranchissables derrière lesquelles on aimait à se retrancher et qui ont abreuvé nos terres du sang des Européens.

Elles ont été vaincues depuis longtemps par leur inanité même, mais surtout par les échanges d'hommes, d'idées, de marchandises, par la paix aussi, par les avancées technologiques et par les progrès de nos valeurs dans le monde.

L'Europe, le projet européen, c'est la négation même de la notion traditionnelle de frontière.

C'est donc la Turquie qui obligera l'Europe à trancher la définition moderne des frontières. Voulant entrer dans l'Union, elle multiplie les réformes pour accepter nos règles, pour épouser nos valeurs, pour établir un État de droit conforme à nos pratiques. Elle ne s'arrêtera pas et nous devrons alors dire clairement quelle est notre définition de la frontière, à l'heure de la globalisation des idées et des échanges.

Les frontières d'autrefois étaient d'abord physiques, les frontières d'aujourd'hui sont surtout mentales et morales. Pour l'Europe, comme pour le monde dans lequel nous serons encore minoritaires par le nombre d'habitants. Aussi gardons-nous d'exclure trop vite ceux qui nous prennent comme modèle et sachons au moins dialoguer avec eux autrement qu'en les insultant.

Car l'Europe n'est toujours pas une puissance, au sens traditionnel du terme. Elle n'a pas encore l'armée qu'elle mérite, elle n'a pas encore le pouvoir politique unique qu'elle aurait dû se donner. Sa force et sa puissance, c'est son exemple, c'est-à-dire ses valeurs de paix, de liberté et de solidarité, au nom desquelles les pays qui la composent ont renoncé à faire la guerre et ont décidé de mettre en commun des parts importantes de leur souveraineté.

Cette force morale ne tient pas lieu de force physique, mais c'est, pour l'instant, ce que nous avons de plus fort ! Sachons la préserver et nous en servir.

Peut-on en effet dessiner la carte d'une Europe acceptable par tous, fixer des frontières extérieures, sans aussitôt rejeter toute une série de pays et entrer avec eux dans une logique traditionnelle de nationalismes opposés, celle-là même qui nous a causé tant de torts et que nous avons, pour nous-mêmes, rejetée ?

Dans tous les traités européens, comme dans la future Constitution telle que Valéry Giscard d'Estaing et la Convention l'ont préparée, il est clairement rappelé, en exergue, que « l'Union est ouverte à tous les États européens qui respectent ses valeurs et qui s'engagent à les promouvoir en commun ».

La question géographique vient donc immédiatement à l'esprit.

Ne peut prétendre adhérer à l'Europe celui qui n'appartient pas à son espace géographique. Oui, l'Europe géographique est une réalité, mais pas toujours celle qu'on croit. Car la géographie obéit souvent à l'histoire. Un tiers de la Russie et une partie du Caucase affirment s'y rattacher. Ces pays ont, d'ailleurs, adhéré au Conseil de l'Europe.

La Turquie est-elle d'Europe ? Elle l'affirme, exemples historiques à l'appui, rappelant que beaucoup des philosophes et des hommes politiques de l'Antiquité sont nés et ont vécu, comme Hérodote, encore appelé Hérodote d'Halicarnasse, c'est-à-dire de l'actuelle Bodrum, sur le territoire de ce qui est aujourd'hui la Turquie.

D'autres, tout aussi pertinents, expliquent que l'essentiel de la population turque vit dans la partie asiatique de son territoire, que les Dardanelles et le Bosphore séparent bien l'Europe de l'Asie et que le bras armé de l'islam a longtemps été, par le passé, les Turcs, l'Empire ottoman et leurs descendants. Certes.

Il y a vraiment une réalité continentale mais ce concept ne peut pas, tout seul, nous être d'une grande utilité. Que répondrions-nous en effet à l'Ukraine et à la Biélorussie si ces pays voulaient adhérer à l'Union ?

Il convient donc de compléter le premier critère par d'autres. À commencer par les valeurs communes, c'est-à-dire la religion, la culture et l'État de droit positif.

Si l'Europe est bien judéo-chrétienne, elle a su se confronter et cohabiter avec les autres religions, dont certaines ont été très puissantes dans toute l'Europe. C'est vrai, bien sûr, de l'islam un moment installé par la force sur les terres européennes et toujours présent par ceux qui s'en réclament à l'intérieur de nos frontières.

Devons-nous accepter un État dont la majorité de la population est musulmane au sein de l'Europe ?

Poser la question aux peuples d'Europe, c'est y répondre immédiatement et vraisemblablement de manière négative, malgré la présence de nombreux immigrés de confession musulmane sur nos terres.

On comprend alors la demande du pape visant à ce que la Constitution européenne fasse explicitement référence à l'héritage religieux de l'Europe.

Car l'Europe, si elle ne veut pas se limiter à une simple zone économique, doit aussi s'attacher à réunir des peuples qui partagent les mêmes valeurs de liberté, de démocratie et de respect de la personne humaine et les ont introduites dans leur droit positif.

Le cas turc se pose alors dans une autre dimension.

Le cas turc

L'enjeu est de taille autant pour des raisons économiques et démographiques (70 millions d'habitants) que culturelles et religieuses (un pays islamique dans l'Europe ?), voire politiques et stratégiques (membre de l'OTAN, laïque).

Il y a plus de quarante ans, la Turquie a entamé une longue

course vers l'adhésion à l'Union européenne. En fait elle avait commencé après la Première Guerre mondiale.

Lorsque le général Mustafa Kemal, dit Atatürk, reconstruit de toutes pièces un État national laïque, dont le code civil est copié sur celui de la Suisse, le droit public sur celui de la France, le code pénal sur celui de l'Italie et le droit commercial sur celui de l'Allemagne !

À ses yeux, l'Occident représente « la civilisation contemporaine » et la polygamie est supprimée, l'égalité entre les femmes et les hommes proclamée, l'alphabet transformé, le dimanche férié adopté, etc.

S'il y a bien un État qui se réclame des « valeurs républicaines » à la française, c'est la Turquie.

Cette révolution a fait de ce pays un État fort et puissant de 70 millions d'habitants, dont la très grande majorité travaille déjà pour notre économie ou vit de nos exportations. La Mégane de Renault est fabriquée en Turquie et non en France. Les liens économiques qui unissent les pays d'Europe à la Turquie, avec qui nous sommes en « union douanière » depuis 1995, sont étroits.

Le produit intérieur brut atteint 360 milliards d'euro et le développement du pays promet des taux de croissance inespérés chez nous.

Parallèlement, la situation des droits de l'homme a progressé comme personne n'aurait pu l'espérer sans une intervention extérieure. Grâce à l'attraction européenne.

La peine de mort a été abolie, les lois et la Constitution ont été réformées et le droit des minorités commence à intégrer le droit positif turc.

Même si beaucoup reste à faire, les femmes turques glissent leur bulletin de vote dans l'urne depuis 1934, une avance de onze ans sur les Françaises, de quatorze ans sur les Belges, de dix-huit ans sur les Grecques et de quarante-deux ans sur les Portugaises !

Enfin, la Turquie est militairement en Occident et contribue à la sécurité de l'Europe d'une manière décisive.

Sous l'influence de l'Europe, la Turquie a progressé pour le plus grand bénéfice de ses ressortissants. C'est la vraie raison de la politique d'ouverture que pratique l'Europe à son égard depuis plus de trente ans au point de lui laisser espérer son adhésion. Parce qu'on n'y croyait pas ? Cette hypocrisie peut-elle conduire à une seule réponse qui consisterait à claquer la porte à ceux qui souhaitent nous rejoindre ?

La Turquie

La population turque est issue d'un brassage millénaire et s'est enrichie d'apports culturels extérieurs nombreux lors de l'expansion ottomane. Les Turcs, originaires d'Asie centrale, font connaissance avec les Arabes au VIIe siècle au moment où la civilisation arabo-musulmane est à son apogée ; devant l'ampleur et la grandeur de celle-ci, ils adoptent la religion musulmane à partir du Xe siècle. Au XIe siècle, ils pénètrent en Anatolie et fondent le premier État turc, l'Empire seldjoukide. En 1453, avec la prise de Constantinople, commence l'apogée de l'Empire ottoman, dont la capitale est l'actuelle Istanbul. Cet empire (dont le territoire s'étend sur l'ensemble de l'Anatolie, l'Irak, la Syrie, le Liban, une grande partie de la péninsule arabe, l'Égypte, la Libye, la Tunisie et l'Algérie) est multiculturel et multiracial car coexistent, sous la domination ottomane, de multiples religions et langues. L'Empire ottoman prend part à la Première Guerre mondiale aux côtés des Allemands, est défait puis occupé par les Alliés. Le général Mustafa Kemal, dit Atatürk, entreprend alors à partir de l'Anatolie de construire un État national turc : il mène et gagne une guerre d'indépendance. En 1924, la signature du traité de Lausanne officialise la reconnaissance de la République turque par les États occidentaux.

Commence alors une ère républicaine, période unique et sans précédent, synonyme de transformation radicale et de mutation du peuple turc. Mustafa Kemal poursuit et approfondit l'occidentalisation du pays entamée dès la fin du

XVIIIe siècle, dédaignant les mondes arabe et perse, puisque l'Occident représente à ses yeux « la civilisation contemporaine ». Mustafa Kemal et ses compagnons rompent avec la loi religieuse (charia) et font adopter les codes européens en les traduisant. Les Turcs abandonnent la polygamie et doivent se marier à la mairie ; l'égalité entre l'homme et la femme est reconnue. Les femmes turques obtiennent le droit de vote et l'éligibilité en 1934 avant la quasi-majorité des pays européens. L'école, qui devient obligatoire, est le fer de lance des valeurs républicaines ; l'alphabet latin est adopté. D'autres réformes se succèdent : le jour férié hebdomadaire se conforme à la civilisation occidentale et devient le dimanche au lieu du vendredi. Les anciennes mesures sont remplacées par la mesure métrique. La réforme de l'habillement interdit le port du fez et du tchador et suggère un habillement à l'occidentale. Atatürk décède en 1938, mais ses héritiers ne modifient pas pour autant l'élan turc vers l'Occident.

Après la Seconde Guerre mondiale, quand Staline réclame des droits de passage par les détroits du Bosphore et des Dardanelles, la Turquie abandonne sa position non alignée et manifeste sa volonté de rapprochement avec l'Occident. Elle devient membre de l'OTAN. Elle est par ailleurs membre fondateur du Conseil de l'Europe.

La Turquie est membre associé de l'Union européenne conformément au traité d'Ankara de 1964. Dans son article 28, ce traité prévoit d'ailleurs l'adhésion définitive après une période de trente années permettant l'adaptation et l'harmonisation de la Turquie avec l'Union. Pour Ankara, c'est déjà la preuve de la reconnaissance et de l'acceptation de sa vocation européenne. Puis un traité d'union douanière, échelonné entre 1973 et 1995, lie le pays à l'Union européenne. Ankara a aussi déposé une demande formelle d'adhésion en 1987.

La décision prise à Helsinki, en 1999, par les chefs d'État et de gouvernement d'accorder à la Turquie le statut de pays candidat l'a encouragée à prendre une série de réformes fondamentales allant dans le sens d'une consolidation de la démocratie. Une importante réforme constitutionnelle a eu lieu en octobre 2001 dans le but de renforcer les garanties dans le domaine des droits de l'homme et des libertés fondamentales. Un nouveau code civil a été adopté en novembre 2001 et six « paquets » de réforme ont fait l'objet de votes du Parlement depuis février 2002. Les réformes d'août 2002 sont de grande ampleur et concernent l'abolition de la peine de mort en temps de paix, la suppression de l'état d'urgence en vigueur dans deux provinces du sud-est et l'ouverture de l'enseignement et des émissions de radio aux langues minoritaires, notamment le kurde. Les contrôles sur les médias devraient être levés et la liberté d'expression mieux garantie. Par ailleurs, plusieurs recommandations du Comité européen pour la prévention de la torture sont actuellement mises en œuvre ; la réforme du système judiciaire se poursuit.

La Turquie progresse vers la mise en place d'une véritable économie de marché viable, mais elle subit encore la conséquence des deux crises financières récentes qui l'ont profondément déstabilisée. Ces progrès se traduisent par l'amélioration de la discipline budgétaire, le ralentissement des pressions inflationnistes, la réduction des ingérences politiques, la libéralisation des marchés de l'agriculture et de l'énergie.

Dans les domaines couverts par l'union douanière, la reprise de l'acquis communautaire paraît d'ores et déjà réalisée.

La stabilité politique, économique et sociale de la Turquie apparaît fondamentale pour l'Union européenne du fait de sa position géostratégique.

Alors que pendant longtemps la population était restée indifférente au projet européen, le désir d'adhérer est désormais réel et ressenti par l'homme de la rue, qui souhaite des conditions de vie meilleures et plus de croissance. Ce souhait rejoint celui d'une plus grande liberté d'expression. Lors de la dernière campagne électorale, la quasi-totalité des candidats (à l'exception du mouvement ultra-nationaliste MHP) s'est prononcée clairement pour l'adhésion à l'Union européenne. Dès sa victoire électorale, l'AKP a multiplié les déclarations pro-européennes.

D'après un sondage Eurobaromètre en 2001, 68 % de la population turque voteraient en faveur de l'adhésion à l'Union européenne, 20 % contre, alors que 12 % ne voteraient pas ou ne se prononcent pas. Par ailleurs, 59 % des Turcs pensent que l'adhésion de leur pays à l'Union européenne est une bonne chose.

Profil

- Superficie : 779 452 km².
- Frontières : 2 627 km (Arménie 268 km, Azerbaïdjan 9 km, Bulgarie 240 km, Géorgie 252 km, Grèce 206 km, Iran 499 km, Irak 331 km, Syrie 822 km).
- Côtes : 8 333 km.
- Capitale : Ankara.
- Monnaie : la livre turque.
- Population : 68 millions d'habitants (estimations 2002).
- Composition : 70 % Turcs, 22 % Kurdes, 3,3 % groupes d'origine balkanique (Albanais et Bosniaques), 2,2 % Circassiens et autres groupes caucasiens (Azéris, Géorgiens, Lazes et Tchétchènes), 2 % Arabes et Bulgares (150 000 environ), Roms (50 000 environ) et Arméniens (30 000 environ).
- Confessions : 80 % musulmans sunnites, 16 % musulmans alévis, environ 2 % chrétiens (grecs, arméniens, assyro-chaldéens, nestoriens), 0,8 % juifs, petite minorité yéside.
- Croissance démographique (2000-2005) : 1,3 %.
- Espérance de vie (2000-2005) : hommes 68 ans et femmes 73 ans.

Données économiques (2001)

- PIB en SPA : 356,8 milliards d'euro.
- Croissance du PIB : -7,4 % (3,6 % en 2002).
- PIB par habitant (en SPA en euro) : 5 200 (22 % de la moyenne communautaire).
- Chômage : 8,5 % (10,4 % en 2002).
- Part de l'emploi agricole : 37 %.
- Part de l'emploi industriel : 23,3 %.
- Part de l'emploi dans les services : 39,6 %.
- Part de l'agriculture : 12,1 % du PIB.
- Part de l'industrie : 28,6 % du PIB.
- Part des services : 59,3 % du PIB.
- Inflation : 57,6 %.
- Déficit public : 28,7 % du PIB (10 % en 2002).
- Dette publique : 102,5 % du PIB (95 % en 2002).
- Investissements directs étrangers (IDE) : flux de 562 millions d'euro.
- Nombre de téléphones mobiles pour 100 habitants (2000) : 22.
- Nombre d'utilisateurs d'Internet pour 100 habitants : 4.

Relations commerciales avec l'Union européenne (2001)

- 61 % de son commerce extérieur avec l'Union européenne. Principaux clients : Allemagne, États-Unis, Royaume-Uni, France.
- 44,6 % des importations en provenance de l'Union européenne. Principaux fournisseurs : Allemagne, Italie, États-Unis, Russie, France.
- Principaux produits importés et exportés : la part des produits agricoles diminue en faveur des produits industriels aussi bien pour l'importation que pour l'exportation. Par ailleurs, l'exportation des produits industriels, du secteur

du textile et du prêt-à-porter occupe une place importante alors que les produits industriels de technologie détiennent la plus grande part des importations.

- Solde commercial négatif en 2000 comme en 2001 : – 11 172 millions d'euro.
  Une union douanière entre la Turquie et l'Union européenne existe depuis 1995.
- Relations commerciales et économiques avec la France : nos relations ont connu une expansion remarquable jusqu'à début 2001. En 2002 la France est le 5e partenaire commercial de la Turquie.
  En 1986, il y avait en Turquie 9 implantations industrielles, et 270 environ en 2002. Aujourd'hui la France est présente essentiellement dans l'industrie automobile (Renault est le premier investisseur étranger), la grande distribution (Carrefour) et l'assurance (Axa).
  En stock d'investissement, la France se situe en première position avec plus de 5 milliards d'euro, devant l'Allemagne.

Système politique

- République, démocratie parlementaire.
  La Constitution actuelle a été adoptée par référendum le 7 novembre 1982 et amendée en 1995 et 2001 (en vue de l'adhésion à l'Union européenne).
- Chef de l'État : Ahmed Necdet Sezer, élu en mai 2000.
  Le président est élu par le Parlement à la majorité des deux tiers pour un mandat de sept ans non renouvelable.
- Premier ministre : Recep Tayyip Erdogan (depuis mars 2003).
- Système parlementaire monocaméral. La Grande Assemblée nationale (Meclis) comprend 550 sièges ; les députés sont élus pour cinq ans (en Turquie le vote est obligatoire à partir de 18 ans ; les contrevenants sont passibles d'une

amende) ; système de représentation proportionnelle ; seuil de 10 % des suffrages pour qu'un parti politique soit représenté au Parlement (seuil qui ne s'applique pas aux candidats indépendants).

– Le Conseil national de sécurité est composé de cinq militaires et de cinq civils : le président de la République, le Premier ministre, les ministres de la Défense, de l'Intérieur, des Affaires étrangères, de la Justice, le chef d'état-major, les commandants de l'armée de l'Air, de la Marine, de l'armée de Terre et de la gendarmerie. Le secrétariat général du CNS détermine les orientations de la politique de sûreté de l'État, son application et sa coordination. Les recommandations du CNS, qui se réunit tous les mois, sont prioritaires et figurent en tête de l'ordre du jour de chaque Conseil des ministres ; elles interviennent dans des domaines variés : programmes scolaires, organisation et contrôle de l'audiovisuel, nomination de certains fonctionnaires.

Les dernières élections parlementaires se sont déroulées le 3 novembre 2002. Elles ont porté au pouvoir le parti musulman démocrate AKP dirigé par Recep Tayyip Erdogan et lui donnent une majorité absolue au sein de la Grande Assemblée. Ces élections consacrent la défaite des partis traditionnels. Par ailleurs, le CHP, la plus ancienne formation politique du pays, créée en 1923 par Mustafa Kemal Atatürk, aujourd'hui social-démocrate connu pour son attachement aux valeurs laïques de l'État, retrouve les bancs du Parlement dont il avait été évincé en 1999.

Composition du Parlement

– 363 sièges : l'AKP (Parti justice et développement).
– 178 sièges : CHP (Parti républicain du peuple).
– 9 sièges : indépendants.

– Prochaines élections : présidentielle et législatives en 2007.

Organisation administrative

81 provinces subdivisées en 847 districts, 16 métropoles et 3 200 communes.

L'Europe à géographie variable

Quelles que soient les difficultés que pose la « question turque », il n'est pas possible d'être définitif sur le sujet.

D'autant plus que la Communauté a fixé des critères précis à l'ouverture de négociations d'adhésion et que la Turquie ne les remplit pas encore. Il y a donc matière à évolution, discussions et concertation, avant que ne sonne l'heure des anathèmes, si tant est qu'ils soient utiles ailleurs que sur le plan électoral !

La rejeter purement et simplement hors d'Europe, c'est la livrer à l'obscurantisme de ceux qui ont fait de l'Orient proche une poudrière de haines religieuses et de guerres potentielles. C'est ne lui laisser aucun autre choix que de se retourner vers les démons qui hantent ses frontières et qu'elle a su contenir jusqu'ici. Ce serait irresponsable et coupable, pour nos propres intérêts.

À nous d'avoir le courage de dire clairement aux Turcs, le moment venu, ce que nous voulons pour nos relations. Dedans ou en dehors, il est certain que nos destins sont liés pour longtemps comme ils l'ont été dans le passé. L'Europe doit montrer sa maturité dans le traitement de cette question. Elle doit s'en tenir à ses règles et exiger qu'elles soient respectées par ceux qui souhaitent la rejoindre. Ce n'est pas le cas pour la Turquie, elle ne peut donc pas encore adhérer. L'échec récent du règlement de la question chypriote, l'attitude du président turc opposant son veto aux lois libérales votées par le Parlement pour permettre, enfin, l'intégration des Kurdes dans la communauté nationale, montrent que la Turquie n'est pas prête. Mais avons-nous le droit de lui interdire à l'avance de progresser pour parvenir, un jour, à adhérer ?

Mais adhérer à quoi ?

L'adhésion à l'Union européenne est-elle le seul critère de « l'européanité » d'un pays ?

La réalité européenne d'aujourd'hui laisse à penser que non.

Les fameuses « coopérations renforcées », qui permettent à certains États d'aller plus loin que d'autres dans l'intégration de leur société, sont devenues la règle européenne.

Ainsi la zone euro comprend douze pays, sans le Royaume-Uni, les accords de Schengen sur la libre circulation, treize ; les Quinze eux-mêmes ont autorisé bon nombre de dérogations au Danemark, à l'Irlande qui reste neutre, les vingt-cinq continuant en accordant la même dérogation à Malte. On pourrait multiplier les exemples.

L'Europe est souvent un peu trop « à la carte », mais elle reste l'Europe.

Le projet de Constitution de la Convention légitime ces coopérations que peuvent décider certains – à condition d'être au moins huit pays.

Ce sera vraisemblablement le cas des avancées que nous allons faire en matière de Défense européenne.

Il est donc clair que le degré d'intégration ne détermine pas l'appartenance à l'Europe.

Pourquoi ne pas théoriser un peu plus ces facilités offertes aux États et les rendre plus claires ?

On n'est membre de l'Union européenne qu'en en acceptant les règles essentielles. Si on les refuse, on demeure dans l'Europe, mais pas forcément la même.

Ne pas poser des questions qui ne se posent pas

La Turquie peut rester membre du Conseil de l'Europe : elle est toujours associée à l'Union, et de manière très étroite, même si elle peine à en appliquer toutes les règles.

Elle ne pourra adhérer à l'Union qu'en acceptant d'aller beaucoup plus loin que ses propres débats politiques internes ne le laissent aujourd'hui espérer. Point n'est besoin d'anathème. Point n'est utile de lui proposer d'entrer dans l'Europe de la Défense.

À elle d'avancer, de débloquer la question de Chypre, de mettre en œuvre un véritable État de droit. Alors seulement se poserait la question de son entrée dans le noyau dur de l'Europe.

La question turque ne se pose pas pour l'instant. Pourquoi voudrions-nous lui interdire de nous prendre pour modèle ?

Car l'Europe, par ses succès et la réalisation de ses objectifs – ramener la paix sur le continent des guerres et assurer la prospérité de ses peuples –, a acquis une force d'attraction phénoménale. De centripète elle est devenue centrifuge. Chacun veut la rejoindre et participer le plus possible au maximum de ses règles.

Pour schématiser, nous pourrions établir un instrument qui mesure le degré d'intégration dans l'Europe, une sorte d'« intégromètre européen » qui donne la position de chacun sur une **« échelle d'intégration européenne »**. Chacun y figure, à des niveaux différents, sans qu'il existe de hiérarchie politique entre les uns et les autres. Tous appartiennent à l'Europe.

Et si le mouvement pousse tout le monde à souhaiter progresser sur l'échelle d'intégration, tant mieux, mais il y a un prix à payer, des conditions à remplir.

Cette vision peut sembler loin du rêve des pères fondateurs de l'Europe.

Elle en est en réalité toute proche. À condition que le mouvement ne s'arrête jamais et conduise toujours vers le centre intégré, chacun est libre comme dans une communauté, mais il doit en respecter les règles fondamentales.

C'est bien la traduction contemporaine du principe de base de l'Union européenne : une communauté d'États égaux entre eux et décidés à collaborer pour le bien-être de leurs peuples.

CONCLUSION

L'ÉCHELLE D'INTÉGRATION EUROPÉENNE©

En proposant, le 9 mai 1950, que la France et l'Allemagne mettent en commun certaines de leurs compétences économiques essentielles, Robert Schuman a lancé une dynamique fort efficace.

L'intérêt des États est de partager leur souveraineté et d'en confier l'exercice à une autorité supranationale. C'est ainsi que l'Union européenne s'est construite, ouverte à ceux qui voulaient la rejoindre, d'abord à six, puis à neuf, à douze et enfin à quinze. Le 1er mai 2004, nous serons vingt-cinq. Mais l'Union n'est pas la seule organisation internationale européenne.

Autour d'elle se sont créés plusieurs espaces, sortes de sas vers plus d'intégration ou, comme l'OSCE, destinés à maintenir la paix dans des régions où elle était menacée.

C'est aussi le cas du Conseil de l'Europe. Il est chargé de promouvoir le modèle européen de civilisation, de garantir les droits de l'homme. On ne peut y adhérer qu'en acceptant son corpus de conventions (188) protectrices de la personne et des libertés.

L'Union, quant à elle, dont le fonctionnement repose sur la libre adhésion, a accepté peu à peu que se développe une Europe à plusieurs vitesses, chaque État choisissant d'intégrer ou non une nouvelle coopération initiée dans le cadre de l'Union mais n'en rassemblant pas forcément tous les membres. C'est le cas de l'euro, qui ne rassemble que douze pays, des accords de Schengen, qui créent entre treize pays un espace de libre circulation des personnes.

La future Constitution européenne légitime ces « coopérations renforcées ». Cette « Europe à géographie variable » n'exclut personne car elle est fondée sur le volontariat.

La France et l'Allemagne ont pris l'initiative, après la crise irakienne du printemps 2003, avec d'autres partenaires, de tenter d'accélérer la constitution d'une véritable Europe de la Défense.

Des voix autorisées s'élèvent même, de part et d'autre du Rhin, pour réclamer une fusion totale de la France et de l'Allemagne qui constitueraient ainsi un pôle d'attraction économiquement fort, démographiquement significatif (150 millions d'habitants) et politiquement moteur d'avancées européennes plus rapides.

À l'évidence, la paix, la stabilité et la prospérité poussent les États à partager, mettre en commun et ainsi intégrer toujours un peu plus leurs économies et les sociétés européennes.

En fonction de ces délégations de souveraineté, on peut classer les pays d'Europe sur une « échelle d'intégration européenne© », dont on mesure les degrés comme la force du vent sur la mer. À force 8, les sociétés sont très fortement intégrées, à force 1, elles le sont à peine, mais la même force d'intégration les conduit vers une nouvelle pratique des relations internationales : la coopération systématique et la négociation plutôt que la confrontation brutale et les conflits.

Le positionnement de chacun dépend de son libre arbitre. On peut demeurer à force 2 sur l'échelle sans pour autant être mis au ban de l'Europe !

On peut vouloir progresser d'un degré sans forcément rejoindre le « cœur ». Plus le vent de l'intégration souffle, plus on partage des compétences et plus celles-ci sont importantes.

Dans cet esprit de liberté, l'Union a engagé une réflexion tendant à créer un statut d'association renforcée pour les « voisins » de l'Union.

L'échelle d'intégration européenne

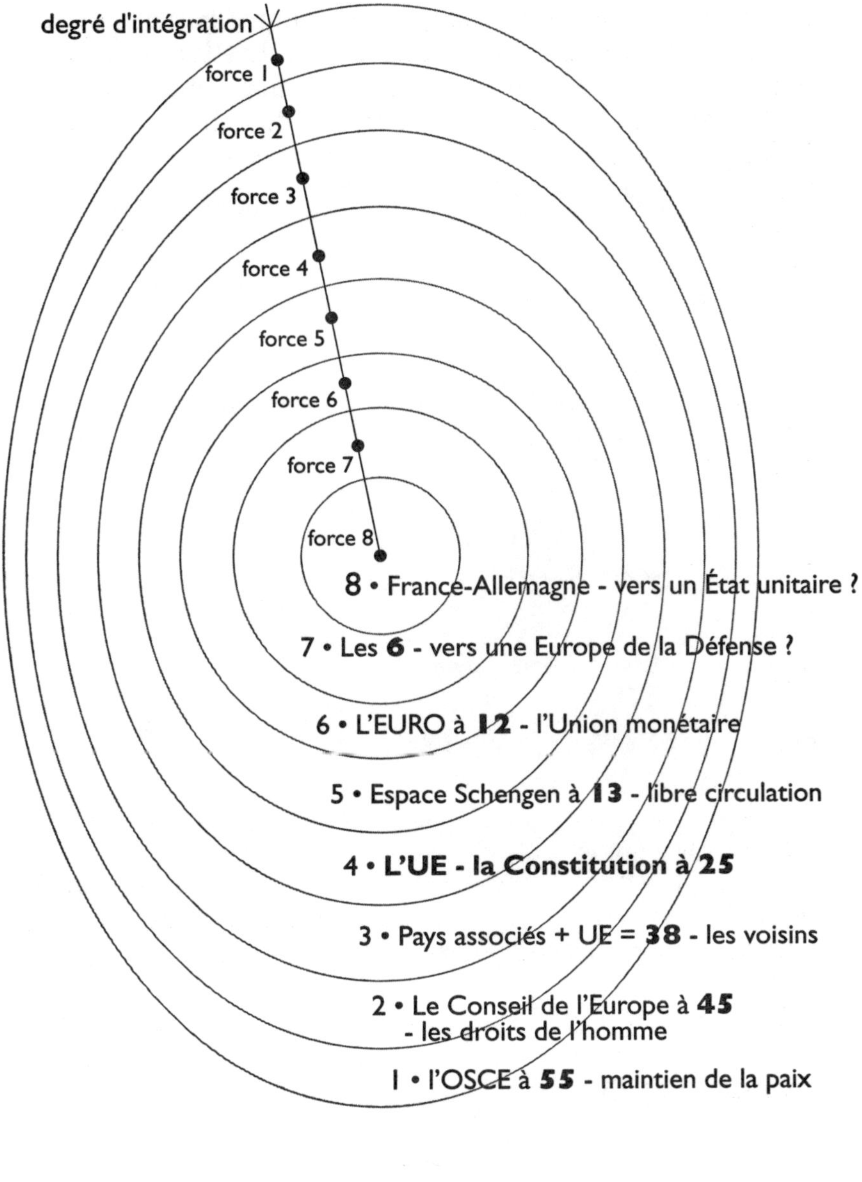

Cette nouvelle position permettra à beaucoup d'entrer dans le système de stabilisation européenne sans choisir la totalité des compétences partagées par les membres de l'Union.

Cet outil, qui mesure la situation actuelle, est aussi porteur d'un message nouveau : on peut être européen sans être forcément membre de toutes les instances de l'Union, on peut être d'Europe sans être membre de l'Union européenne.

ANNEXES

ANNEXE I

Robert Schuman et l'élargissement

Nous devons faire l'Europe non seulement dans l'intérêt des peuples libres, mais aussi pour pouvoir y accueillir les peuples de l'Est qui, délivrés des sujétions qu'ils ont subies jusqu'à présent, nous demanderaient leur adhésion et notre appui moral.

Depuis de longues années, nous avons douloureusement ressenti la ligne de démarcation idéologique qui coupe l'Europe en deux. Elle a été imposée par la violence. Puisse-t-elle s'effacer dans la liberté !

Nous considérons comme partie intégrante de l'Europe vivante tous ceux qui ont le désir de nous rejoindre dans une communauté reconstituée. Nous rendons hommage à leur courage et à leur fidélité, comme à leurs souffrances et à leurs sacrifices.

Nous leur devons l'exemple d'une Europe unie et fraternelle. Chaque pas que nous faisons dans ce sens constituera pour eux une chance nouvelle. Ils auront besoin de nous dans l'immense tâche de réadaptation qu'ils auront à accomplir.

La Communauté européenne doit créer l'ambiance pour une compréhension mutuelle, dans le respect des particularités de chacun ; elle sera la base solide d'une coopération féconde et pacifiste. Ainsi s'édifiera une Europe nouvelle, prospère et indépendante.

Notre devoir est d'être prêt.

Robert Schuman,
in *France-Forum*, novembre 1963, n° 52

ANNEXE 2

Victor Hugo et l'Europe

Au xxe siècle, il y a aura une nation extraordinaire.

Cette nation sera grande, ce qui ne l'empêchera pas d'être libre.

Elle sera illustre, riche, pensante, pacifique, cordiale.

Cette nation : elle s'appellera l'Europe.

Elle s'appellera l'Europe au xxe siècle et aux siècles suivants.

Plus transfigurée encore, elle s'appellera l'Humanité.

L'Humanité, nation définitive, est dès à présent entrevue par les penseurs, ces contemplateurs des pénombres.

Vision majestueuse.

Au moment où nous sommes, une gestation auguste et visible dans les flancs de la civilisation.

L'Europe une y germe. Un peuple est en train d'éclore. L'ovaire profond du progrès fécondé porte, sous cette forme dès à présent distincte, l'avenir. Cette nation qui sera palpite dans l'Europe actuelle comme l'être ailé dans la larve reptile.

Au prochain siècle, elle déploiera ses deux ailes, faites l'une de liberté, l'autre de volonté.

Un jour viendra où les armes vous tomberont des mains.

Un jour viendra où la guerre paraîtra aussi absurde et sera aussi impossible entre Paris et Londres, entre Pétersbourg et Berlin, entre Vienne et Turin, qu'elle serait impossible et qu'elle paraîtrait absurde aujourd'hui entre Rouen et Amiens.

Un jour viendra où vous France, vous Russie, vous Italie, vous Angleterre, vous Allemagne, vous toutes, nations du continent, sans perdre vos qualités distinctes et votre glorieuse individualité, vous vous fondrez étroitement dans une unité supérieure, et vous constituerez la fraternité européenne.

Un jour viendra où il n'y aura plus d'autres champs de bataille que les marchés s'ouvrant au commerce et les esprits s'ouvrant aux idées.

Un jour viendra où les boulets et les bombes seront remplacés par les votes, par le suffrage universel des peuples, par le vénérable arbitrage d'un grand Sénat souverain qui sera à l'Europe ce que le Parlement est à l'Angleterre, ce que la Diète est à l'Allemagne, ce que l'Assemblée législative est à la France !

Un jour viendra où l'on montrera un canon dans les musées comme on y montre aujourd'hui un instrument de torture, en s'étonnant que cela ait pu être !

Un jour viendra où l'on verra ces deux groupes immenses, les États-Unis d'Amérique et les États-Unis d'Europe, placés face à face l'un de l'autre, se tenant la main par-dessus les mers, échangeant leurs produits, leur commerce, leur industrie, leurs arts, leurs génies.

Et ce jour-là, il ne faudra pas quatre cents ans pour l'amener, car nous vivons dans un temps rapide, nous vivons dans le courant d'événements, d'idées le plus impétueux qui ait encore entraîné les peuples, et, à l'époque où nous sommes, une année fait parfois l'ouvrage d'un siècle.

Et Français, Anglais, Belges, Allemands, Russes, Slaves, Européens, qu'avons-nous à faire pour arriver le plus tôt possible à ce grand jour ?

Nous aimer.

Nous aimer ! Ce but sublime. Dans cette œuvre immense de la pacification.

Nous aimer ! Comme une torche qu'on secoue pour faire flamboyer l'avenir.

Grâce au chemin de fer, l'Europe bientôt ne sera pas plus grande que ne l'était la France au Moyen Âge ! Grâce aux navires à vapeur, on traverse aujourd'hui l'Océan plus aisément qu'on ne traversait autrefois la Méditerranée ! Avant peu, l'homme parcourra la terre comme les dieux d'Homère parcouraient le ciel. Encore quelques années, et le fil électrique de la concorde entourera le globe et éteindra le monde. Nous aurons ces grands États-Unis d'Europe, qui couronneront le vieux monde comme les États-Unis d'Amérique couronnent le nouveau.

Nous aurons l'esprit de conquête transfiguré en esprit de découverte ; nous aurons la généreuse fraternité des nations au lieu de la fraternité féroce des empereurs ; nous aurons :

– la patrie sans la frontière,
– le budget sans le parasitisme,
– le commerce sans la douane,
– l'éducation sans l'abrutissement,
– la jeunesse sans la caserne,
– le courage sans le combat,
– la justice sans l'échafaud,
– la vérité sans le dogme.

L'effroyable ligature de la civilisation sera défaite ; l'isthme affreux qui sépare ces deux mers : Humanité et Félicité, sera coupé. Il y aura sur le monde un flot de lumière.

Et qu'est-ce que c'est que toute cette lumière ?

C'est la liberté.

Et qu'est-ce que c'est que toute cette liberté ?

C'est la paix.

Victor Hugo,
Discours prononcé à l'occasion
du IIIe Congrès international de la Paix
à Paris en 1849

ANNEXE 3

Référendums sur l'adhésion à l'Union européenne

Pays	Date	Résultats	Commentaires
Malte	8 mars 2003	53,65 % oui 46,35 % non participation 91 %	Le résultat du référendum ne lie pas juridiquement le gouvernement.
Slovénie	23 mars 2003	89,66 % oui 10,34 % non participation 55,37 %	
Hongrie	12 avril 2003	83,76 % oui 16,24 % non participation 45,62 %	Constitution modifiée par la loi n° LXI de 2002 en vue de l'adhésion.
Lituanie	10 et 11 mai 2003	89,92 % oui 10,08 % non participation 65 %	
Slovaquie	16 et 17 mai 2003	92,4 % oui 6,2 % non participation 52,1 %	
Pologne	7 et 8 juin 2003	77,45 % oui 22,55 % non participation 58,85	Modification de la loi électorale le 10 mai 2003, afin de pouvoir publier le taux de participation à la suite de la première journée de vote.
République tchèque	13 et 14 juin 2003	77,33 % oui 22,67 % non participation 55,21 %	
Estonie	14 septembre 2003	67 % oui 33 % non participation 63 %	
Lettonie	20 septembre 2003	67 % oui 32 % non participation 72,5 %	Constitution modifiée le 8 mai en vue de l'adhésion.
Chypre	Une consultation populaire n'est pas prévue.		

ANNEXE 4

Déclaration du Conseil européen de Copenhague, 12 décembre 2002

Une seule Europe

L'Europe connaît ce jour un moment historique. Nous avons aujourd'hui conclu les négociations d'adhésion entre l'Union européenne et Chypre, la République tchèque, l'Estonie, la Hongrie, la Lettonie, la Lituanie, Malte, la Pologne, la Slovaquie et la Slovénie. L'Union européenne accueillera 75 millions de nouveaux citoyens.

Nous, les États membres actuels et les États adhérents, déclarons soutenir pleinement le caractère continu, inclusif et irréversible du processus d'élargissement. Les négociations d'adhésion avec la Bulgarie et la Roumanie se poursuivront sur la base des mêmes principes que ceux qui ont guidé les négociations d'adhésion jusqu'ici. Les résultats déjà obtenus dans ces négociations ne seront pas remis en question. En fonction des progrès qui seront encore accomplis pour ce qui est du respect des critères d'adhésion, l'objectif est d'accueillir la Bulgarie et la Roumanie en tant que nouveaux États membres de l'Union européenne en 2007. Nous nous félicitons également des décisions importantes prises aujourd'hui en ce qui concerne la prochaine étape de la candidature de la Turquie à l'Union européenne.

Notre vœu commun est de faire de l'Europe un continent de démocratie, de liberté, de paix et de progrès. L'Union restera déterminée à éviter de nouvelles lignes de démarcation en Europe et à promouvoir la stabilité et la prospérité à l'intérieur de ses nouvelles frontières et au-delà de celles-ci. Nous attendons avec intérêt d'œuvrer ensemble dans un effort conjoint pour réaliser ces objectifs.

Notre but est Une seule Europe.

Belgique, République tchèque, Danemark, Allemagne, Estonie, Grèce, Espagne, France, Irlande, Italie, Chypre, Lettonie, Lituanie, Luxembourg, Hongrie, Malte, Pays-Bas, Autriche, Pologne, Portugal, Slovénie, Slovaquie, Finlande, Suède, Royaume-Uni

ANNEXE 5

Données concernant l'Union européenne à quinze (à titre comparatif)

Données économiques (2001)

PIB en SPA : 8 827 milliards d'euro.
Croissance du PIB : 1,5 % (2,5 % en 1999 ; 3,4 % en 2000).
PIB par habitant (en SPA euro) : 23 200, soit la moyenne communautaire.
Salaire mensuel brut moyen : 1 589 euro (1998).
Coût horaire en euro de la main-d'œuvre : 22,70.
Chômage au 31 décembre 2001 : 8,3 % (8 % au 31 décembre 2000).
Part de l'emploi agricole : 4,3 %.
Part de l'emploi industriel : 26,4 %.
Part de l'emploi dans les services : 69,3 %.
Part de l'agriculture : 2,1 % du PIB.
Part de l'industrie : 27,4 % du PIB.
Part des services : 70,5 % du PIB.
Inflation : 2,3 % (prévisions 2002 : 2,2 %).
Déficit public : 0,8 % du PIB (excédent public de 1 % en 2000).
Dette publique : 63,1 % du PIB (63,8 % en 2000).
Nombre de téléphones mobiles pour 100 habitants : 72.
Nombre d'utilisateurs d'Internet pour 100 habitants : 31.

BIBLIOGRAPHIE

Livres

Jean-Joseph Boillot, *L'Union européenne élargie : un défi économique pour tous*, La Documentation française, 2003.
Dominique Reynié (dir.), *Les Européens en 2003*, Odile Jacob-Fondation Robert Schuman, 2003.
Sandra Kalniete, *En escarpins dans les neiges de Sibérie*, Éditions des Syrtes-Fondation Robert Schuman, 2003.
Bernard Huchet, Henri Malosse, *Unifier la grande Europe*, Bruylant, 2002.
Élie Barnavi, Paul Goosens, *Les Frontières de l'Europe*, De Boeck, 2001.
Didier Doucet, *L'Élargissement de l'Europe : un risque pour le Sud*, L'Harmattan, 2001.
Jean-François Drevet, *L'Élargissement de l'Union, jusqu'où ?*, L'Harmattan, 2001.
Élisabeth du Réau (dir.), *L'Élargissement de l'Union européenne, quels enjeux, quels défis*, Presses de la Sorbonne-Nouvelle, 2001.
Robert Schuman, *Pour l'Europe*, Éditions Nagel-Briquet, 2000.
Jean-François Drevet, *Chypre en Europe*, L'Harmattan, 2000.
Edwige Tucny, *L'Élargissement de l'Union européenne : la conditionnalité politique*, L'Harmattan, 2000.
Commissariat général du Plan, *L'Élargissement de l'Union européenne à l'est de l'Europe : des gains à escompter à l'Est et à l'Ouest*, La Documentation française, 1999.
Graham Avery, *The Enlargement of the European Union*, Sheffield Academic Press, 1998.

Philippe Deloire, *Vers l'Europe des 30 : le processus d'élargissement de l'Union européenne*, Gualino, 1998.
Jean-François Drevet, *La Nouvelle Identité de l'Europe*, PUF, 1997.
Bernard Huchet, Henri Malosse, *Vers la grande Europe*, Bruylant, 1996.
Antoine Marès, *Histoire des pays tchèque et slovaque*, Hatier, 1995.
Françoise de La Serre, *L'Union européenne : ouverture à l'Est*, PUF, 1994.
Pierre Lequiller, *L'Europe se lève à l'Est*, Éditions du Rocher, 1994.
Michel Foucher, Jean-Yves Potel, *Le Continent retrouvé*, Éditions de l'Aube, 1993.
Istvan Bibo, *Misère des petits États d'Europe de l'Est*, Albin Michel, 1993.
Edgar Morin, *Penser l'Europe*, Gallimard, 1990.

Rapports officiels

Rapport d'information n° 773 sur l'élargissement de l'Union européenne à dix pays candidats, par la Délégation pour l'Union européenne de l'Assemblée nationale, présenté par René André, 8 avril 2003.
Rapport d'information n° 295 sur l'élargissement de l'Union européenne : état des lieux, par la Délégation pour l'Union européenne du Sénat présidée par Hubert Haennel, 23 avril 2002.
Économie européenne n° 15, *Prévisions économiques pour les pays candidats*, Direction générale des Affaires économiques, Commission européenne, avril 2003.
Rapport de Wim Kok à la Commission européenne, *Élargissement de l'Union européenne : résultats et défis*, 26 mars 2003.
L'Europe élargie – Voisinage : un nouveau cadre pour les relations avec nos voisins de l'Est et du Sud, Commission européenne, 11 mars 2003.
Croatie : Stabilisation et association, Commission européenne, 2003.

Les Tendances des migrations internationales, Rapport OCDE, 2003.

Principales données structurelles sur les 10 pays en passe d'adhérer ; *Principaux indicateurs conjoncturels pour les 10 pays en passe d'adhérer*, EUROSTAT, 5 décembre 2002.

Vers l'Union élargie, Rapport sur les progrès réalisés par chacun des pays candidats sur la voie de l'adhésion, Commission européenne, 9 octobre 2002.

Rapport régulier sur les progrès réalisés par chacun des pays candidats sur la voie de l'adhésion, Commission européenne, 2001, 2000, 1999 et 1998.

Sites Internet

www.europa.eu.int/comm/enlargement
Site consacré à l'*élargissement* de la Commission européenne

www.europarl.eu.int/enlargement
Site consacré à l'*élargissement* du Parlement européen

http://www.premierministre.gouv.fr/ressources/
fichiers/elargissement_dossier_information.pdf
Le dossier sur l'élargissement du Premier ministre français

www.dree.org/elargissement
Site consacré à l'*élargissement* du MINEFI – DREE

http://www.diplomatie.gouv.fr
Site du ministère des Affaires étrangères

http://www.senat.fr/europe/rap.html
Site du Sénat – rapport sur l'élargissement

http://www.euobserver.com
Site d'information sur l'actualité européenne

http://www.robert-schuman.org
L'actualité et les études européennes vues de France

TABLE

La fondation Robert Schuman, reconnue d'utilité publique par décret en date du 18 février 1992, a notamment pour mission de participer au développement et à l'avenir de l'Europe en coopération avec les autres fondations européennes.

Fondation Robert Schuman,
29, bd Raspail, 75007 Paris
www.robert-schuman.org

DÉJÀ PARU

Valéry Giscard d'Estaing présente
LA CONSTITUTION POUR L'EUROPE

Composition Nord Compo
et impression Imprimerie Floch sur Roto-Page
en octobre 2003.

N° d'impression : 58411
N° d'édition : 21923
Dépôt légal : novembre 2003
Imprimé en France